全国中等职业学校国际商务专业系列教材
商务部十二五规划教材
中国国际贸易学会规划教材

商贸法律基础知识

主　编　王继新
副主编　栾　毅　沈　生　周公友
参　编　黄　玮　范　娜　东力力
　　　　王　楠　高　杰

中国商务出版社
CHINA COMMERCE AND TRADE PRESS

图书在版编目（CIP）数据

商贸法律基础知识／王继新主编．—北京：中国商务出版社，2015.6
全国中等职业学校国际商务专业系列教材　商务部十二五规划教材　中国国际贸易学会规划教材
ISBN 978-7-5103-1282-3

Ⅰ.①商…　Ⅱ.①王…　Ⅲ.①国际商法—中等专业学校—教材　Ⅳ.①D996.1

中国版本图书馆 CIP 数据核字（2015）第 136545 号

全国中等职业学校国际商务专业系列教材
商务部十二五规划教材
中国国际贸易学会规划教材

商贸法律基础知识
SHANGMAO FALV JICHU ZHISHI

主　编　王继新

出　版：中国商务出版社
发　行：北京中商图出版物发行有限责任公司
社　址：北京市东城区安定门外大街东后巷 28 号
邮　编：100710
电　话：010—64269744　64515137（编辑一室）
　　　　010—64266119（发行部）
　　　　010—64263201（零售、邮购）
网　店：http://cctpress.taobao.com
网　址：http://www.cctpress.com
邮　箱：cctp@cctpress.com；bjys@cctpress.com
照　排：北京开和文化传播中心
印　刷：北京密兴印刷有限公司
开　本：787 毫米×1092 毫米　1/16
印　张：12　　字　数：223 千字
版　次：2015 年 7 月第 1 版　　2015 年 7 月第 1 次印刷
书　号：ISBN 978-7-5103-1282-3
定　价：25.00 元

编 委 会

总　序

为贯彻全国教育工作会议精神和教育规划纲要，建立健全教育质量保障体系，提高职业教育质量，以科学发展观为指导，全面贯彻党的教育方针，落实教育规划纲要的要求，满足经济社会对高素质劳动者和技能型人才的需要，全面提升职业教育专业设置和课程开发的专业化水平，教育部启动了中等职业学校专业教学标准制订工作。按照教育部的统一部署，在全国外经贸职业教育教学指导委员会的领导和组织下，我们制定了中职国际商务专业教学标准。

新教学标准的制定，体现了以下几方面的特点：

1．坚持德育为先，能力为重，把社会主义核心价值体系融入教育教学全过程，着力培养学生的职业道德、职业技能和就业创业能力。

2．坚持教育与产业、学校与企业、专业设置与职业岗位、课程教材内容与职业标准、教学过程与生产过程的深度对接。以职业资格标准为制定专业教学标准的重要依据，努力满足行业科技进步、劳动组织优化、经营管理方式转变和产业文化对技能型人才的新要求。

3．坚持工学结合、校企合作、顶岗实习的人才培养模式，注重"做中学、做中教"，重视理论实践一体化教学，强调实训和实习等教学环节，突出职教特色。

4．坚持整体规划、系统培养，促进学生的终身学习和全面发展。正确处理公共基础课程与专业技能课程的关系，合理确定学时比例，严格教学评价，注重中高职课程衔接。

5．坚持先进性和可行性，遵循专业建设规律。注重吸收职业教育专业建设、课程教学改革优秀成果，借鉴国外先进经验，兼顾行业发展实际和职业教育现状。

为适应中职国际商务专业教学模式改革的需要，中国商务出版社于2014年春在北京组织召开了中职国际商务专业系列教材开发研讨会，来自北京、上海、广东、山东、浙江的30余位国际商务专业负责人和骨干教师参会。会议决定共同开发体现项目化、工学结合特征的15门课程教材，并启动该项目系列教材的编写。目前，教材开发工作进展顺利，并将于2015年春季陆续出版发行。

本系列教材的编写原则是：

1. 依据教育部公布的中职国际商务专业标准来组织编写教材，充分体现任务驱动、行为导向、项目课程的设计思想。

2. 设计的实践教学内容与外贸企业实际相结合，以锻炼学生的动手能力。

3. 教材将本专业职业活动分解成若干典型的工作项目，按完成工作项目的需要和岗位操作规程，结合外贸行业岗位工作任务安排教材内容。

4. 教材尽量体现外贸行业岗位的工作流程特点，加深学生对外贸岗位及工作要求的认识和理解。

5. 教材内容体现先进性、实用性和真实性，将本行业相关领域内最新的外贸政策、先进的进出口管理方式等及时纳入教材，使教材更贴近行业发展和实际需求。

6. 教材内容设计生动活泼并有较强的操作性。

在具体编写过程中，本系列教材得到了有关专家学者、院校领导，以及中国商务出版社的大力支持，在此一并表示感谢！由于编者水平有限，书中疏漏之处在所难免，敬请读者批评指正。

姚大伟　教授

2014 年 12 月 28 日于上海

前　言

　　商贸法律是规范不同当事人从事各种商务活动、商事交易的行为准则，也是维护商事活动当事人合法权益的重要保障。对于商贸活动的参与者来说，了解并掌握必要的商贸法律知识有着十分重要的意义。为适应中等职业学校国际商务专业商贸法律课程的教学需要，同时兼顾其他国际商务相关岗位从业人员对商贸法律基本知识的学习需求，我们编写了《商贸法律基础知识》一书。

　　本书从介绍与商事有关的基本法律知识入手，让学生对法律的基本术语和基本概念有所了解；接着介绍法系的相关内容，帮助初学者理解正是由于不同历史传承的存在，导致不同国家对同一问题的法律规定存在一定的差异；然后根据商事交易的基本操作环节，分章对合同条款、货物买卖、国际结算、知识产权保护、货物运输、商事纠纷的解决等重要问题展开阐述和讲解。本书每一章开头是内容概述、技能目标、知识目标、重点难点提示部分，通过这些介绍，帮助学生清晰地了解本章的主要知识点和教学目标；各章的每一小节又都包含了引导案例、案例讨论、技能提示、课堂案例、学习感悟、实例应用等模块，把本节的知识进行拆解、细分，以案例来设计与知识点有关的问题，引导学生层层深入地学习知识并掌握技能，最终达到所设定的教学目标。在章节内容之外，还设计了知识链接环节，帮助学生拓宽视野，提高其对知识的领悟能力。

　　本书在编写过程中严格按照教育部颁布的相关课程的教学大纲要求。参与本书编写的既有多年工作在中职学校教学一线的骨干教师和从事中职教学指导工作的领导者，又有在法律纠纷解决一线的司法领域的从业人员，所以在编写时，能够时时处处立足商事交易活动的实践，从国际商贸法律教学的实际需求出发，从中职学生的生源现状入手，精心编排结构、筛选内容、设计问题。本书主要体现以下特点：

　　1. 认真贯彻并真正体现"做中学""做中教"的知行合一的教育理念，以案例贯穿整部教材的内容之中，注意教师的主导性与学生的主体性的有效结合，为教师与学生的课堂互动创设必要条件。

　　2. 避免概念等知识点的死记硬背，强调重要知识点的运用。

3. 避免以往教材知识讲解面面俱到的编写方式，只在教材中体现最重要的知识内容。不强调知识体系的完整性，而是强调中职教材的实用性。

4. 不强调知识交待时的来龙去脉，而是强调直入主题，适合中职学生的理解能力。

5. 内容分布较为合理，每小节的内容设定基本做到能够当堂完成。

6. 文字表述力求言简意赅，避免长篇大论，便于学生理解。

7. 注意为中职、高职、本科的知识衔接预留出空间。

8. 注意教材编写符合教学大纲的要求，确保知识的准确性。

9. 注意了本教材与国际商务其他专业课程的内容衔接，并避免了以往关联学科内容上的重复。

本书由王继新主编，栾毅、沈生、周公友任副主编，黄玮、范娜、东力力、王楠、高杰参与了本书的编写和审订工作。

本书在编写过程中，参考了很多专家、学者及前辈的著作和研究成果，在此向相关作者表示谢意！本书的顺利出版还得到了辽宁省对外贸易经济合作厅、大连市中级人民法院、河南省对外贸易学校、汕头市外语外贸职业技术学校、辽宁省招考办、天津商务职业学院、辽宁省对外贸易学校、北京大成（大连）律师事务所、大连教育学院等单位的大力支持，在此也一并致以最诚挚的谢意！同时感谢中国商务出版社的领导和编辑们对我们编写工作的指导与帮助！

由于编者水平有限，本书不足之处在所难免，恳请专家、同行及读者批评指正。

编　者
2015 年 6 月

目　录

第一章

商贸法律基础知识概述

古希腊哲学家亚里士多德于公元前 350 年说过："法治比任何一个人的统治来得更好。"生活中，我们不可避免地要被一些社会规范所约束，这些规范中包含信仰、习惯、法律，等等。而今天，法律以各种方式影响着每个人的日常生活与整个社会。法律和这些规范有什么不同？哪些可以看做是法律？哪些又可以在国际交往中适用？各国国内法在国际商贸活动中的地位如何？我们又当如何理解并使用法律来维护自身权益？希望通过本章的学习，可以在这些问题上给大家带来一些收获。

技能目标

1. 理解和学会运用法的基本理论解决简单问题。
2. 提高学法、守法、懂法、用法的觉悟，对于商贸法律中的常见问题可以迅速找到相关的法律依据。

知识目标

1. 了解法律的特征及分类。
2. 掌握各种国际商贸法律渊源。

重点难点

1. 法的概念及本质。
2. 商贸法律的渊源及效力。

第一节 法律基础知识

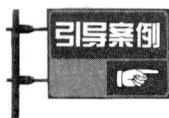

引导案例

2011 年 7 月 5 日，某公司高经理与员工在饭店聚餐喝酒后表示：别开车了，"酒驾"已入刑，咱把车推回去。随后，高经理在车内掌控方向盘，其他人推车缓行。记者从交警部门了解到，如机动车未发动，只操纵方向盘，由人力或其他车辆牵引，不属于酒后驾车。但交警部门指出，路上推车既会造成后方车辆行驶障碍，也会构成对推车人的安全威胁，建议酒后将车置于安全地点，或找人代驾。鉴于我国对"酒后代驾"尚缺乏明确规定，高经理起草了一份《酒后代驾服务规则》，包括总则、代驾人、被代驾人、权利与义务、代为驾驶服务合同、法律责任等共六章二十一条邮寄给国家立法机关。

案例讨论

1. 高经理起草的《酒后代驾服务规则》是否属于法律？

----

2. 试用本课的法律原理说明你的观点。

技能提示

一、法的概念

法，又可称为法律。法是由国家制定或认可的、代表统治阶级意志的、并由国家强制力保证实施的社会行为规范的总称。法的内容是由一定的物质生活条件所决定的，它通过规定人们在社会关系中的权利和义务，确认、保护和发展有利于统治阶级的社会关系和社会秩序。

二、法的特征

法作为一种特殊的行为规则和社会规范，不仅具有行为规则、社会规范的共性，还具有自己的特征。其特征主要包括：

（一）法是经过国家制定或认可才得以形成的社会规范

法区别于其他社会规范的首要之处就在于，法是国家创立的社会规范，但不是国家发布的任何文件都是法。制定和认可是国家创立法的两种方式。制定，即国家机关通过立法活动创制出新的规范；认可，即国家机关赋予某些既存的社会规范以法律效力，或赋予先前的判决所确认的规范以法律效力。国家制定或认可法律的时候必须由特定的立法机关按特定程序进行。我国的最高立法机关是全国人大及其常委会。

（二）法是由国家强制力保障实施的社会规范

法是最具有强制力的规范，以国家强制力为后盾，由国家强制力保证实施，因而与一般社会规范的强制性不同。其他社会规范虽然也有一定的强制性，如道德主要依靠社会舆论的制约、习惯受到巨大习惯势力的制约，但这些制约都不同于国家的强制力。

国家强制力是以国家的强制机构（如军队、警察、法庭、监狱）为后盾，对违法者采取国家强制措施。但并不意味着法的每一个实施过程，每一个法律规范的实施都要借助于国家的系统化的暴力。在法律实施过程中，国家暴力常常备而不用。只有当人们的行为触犯法律规范时，法的强制力才会显现出来。

（三）法是规定权利和义务的社会规范

法的主要内容是由规定权利、义务的条文构成的，它通过规定人们在社会关系中的权利、义务来实现统治阶级的意志和要求，维持社会秩序。权利意味着人们可以做或不做一定行为以及可以要求他人做或不做一定的行为；义务意味着人们必须做或不做一定的行为，如纳税的义务、劳动的义务等。

（四）法是具有普遍约束力的社会规范

法作为一个整体在本国主权范围内具有普遍约束力，所有国家机关、社会组织、个人都必须遵守。

（五）法是体现统治阶级意志的社会规范

在阶级社会里，法作为阶级统治的工具，体现的是统治阶级的整体利益，要求全体社会成员都必须认真遵守。

（六）法是调整人们行为的社会规范

法的调整对象是人的行为，也可以说是社会关系，因为社会关系是人与人之间行为的互动或交互行为。没有人们之间的行为，就没有社会关系。法调整人的行为，同时也调整了社会关系。

三、法的一般分类

法的分类是指从不同的角度，按照不同的标准，将法律规范划分为若干不同的种类。法的一般分类主要有以下几种：

（一）按照法的创制方式和表现形式不同，法可分为：成文法和不成文法

成文法，又称为制定法。是指由国家特定机关制定或认可，并以成文形式出现的规范性法律文件。不成文法是指由国家有关机关认可其法律效力，但又不具有成文形式的法。不成文法一般指习惯法，还包括法院通过判决确定的判例和先例。

（二）按照法规定内容的不同，法可分为：实体法和程序法

实体法是指以规定和确认权利和义务，或职权、职责等有关内容为主的法律，如民法。

程序法是指以保证权利和义务得以实现或职权、职责得以履行所需的有关程序或手续为主要内容的法律，如民事诉讼法。

（三）根据法的地位、效力、内容和制定主体、程序的不同，法可分为：根本法和普通法

这种分类通常只适用于成文宪法国家。在成文宪法国家，根本法即宪法。它在一个国家中享有最高的法律地位和最高的法律效力，宪法的内容、制定主体、制定程序及修改程序都不同于普通法，有比较严格的程序要求。

普通法是宪法以外的所有法的统称。无论何种普通法，一般来说其效力和地位都是低于宪法的，其内容只是涉及某类社会关系，其修改、制定程序也不及根本法那样严格和复杂。

（四）按照法的创制和适用主体不同，法可分为：国内法和国际法

国内法是由特定国家制定并适用于该国主权管辖范围之内的法律；国际法是由参与国际关系的两个或两个以上的国家或国际组织共同制定、认可或缔结的，用以确定其相互间权利和义务关系，并适用于缔约国家的法律，主要表现形式是国际条约。

（五）按照法的适用范围不同，法可分为：一般法和特别法

一般法是指对一般人、一般事项、一般事件、一般空间范围有效的法；特别法是指在特定领域、特定时间有效的法或对特定的人、特定的事项有效的法。

一般法和特别法这一法的分类是相对而言的，具有相对性。如：以针对人来讲，民法典是适用于一般人的法，它的适用主体是一般主体；而与民法典相对应，继承法则是适用于特定人——继承人与被继承人主体的法律。一般情况下，在同一领域内，遵循"特别法优于一般法"的原则。

理解分析

有人说过这样一段话："对于法律来说，除了我的行为以外，我是根本不存在的，我根本不是法律的对象。"

请问：

1. 你认为这段话说得有道理吗？

----

2. 为什么？

学习感悟

通过本节课的学习，我了解了 _____ ，
学会了 _____ ，
我印象最深的是 _____ 。

实例应用

1. （   ）的实施，需要依靠国家强制力的保证。

    A. 道德习俗   B. 宗教信条

    C. 法律   D. 社会章程

2. 法存在于（   ）。

    A. 资本主义社会   B. 整个阶级社会

    C. 整个人类社会   D. 原始社会

3. 依据法律的分类，我国的刑法属于（   ）。

    A. 成文法   B. 实体法

    C. 普通法   D. 私法

第二节　国际商贸法律的渊源

引导案例

2012年，我国某出口公司向加拿大魁北克某进口商出口500公吨核桃仁，合同规定价格为每公吨4800加元CIF魁北克，并规定货物应于11月30日前到达目的地，否则买方有权拒收。

船实际到达加拿大东岸时已是11月25日，此时魁北克已开始结冰。承运人便指示船长将货物全部卸在哈利法克斯，然后从该港改装火车运往魁北克。待这批核桃仁运到魁北克时已是12月2日。

于是进口商以货物晚到为由拒绝提货，提出除非降价20%以弥补其损失。几经交涉，最终以我方降价15%结案，我方公司共损失36万加元。

案例讨论

1. 本合同价格条款援引适用的法律属于商贸法律渊源的哪种表现形式？

2.《2010通则》中有关CIF的交货地点和时间的规定与合同约定有何不同？

----

3. 导致我方公司同意降价的法律原因是什么？

技能提示

一、商贸法律渊源的含义

商贸法律的渊源，主要是指商贸法律产生的依据及其表现形式。它主要包括：国际商务条约、国际贸易惯例和各国国内商事立法。

二、商贸法律渊源的范畴

（一）国际商务条约

1. 国际商务条约的概念

国际商务条约是国际条约的一种，指国家间依据国际法准则，为设立、变更、终止他们之间进行商事交易时所形成的权利、义务关系而达成的协议。

2. 国际商务条约的效力

根据"约定必须遵守"的国际法原则，条约对缔约国有拘束力。各国必须遵守条约，各缔约国的当事人从事相关交易活动时，除缔约国声明保留的条款外，也必须予以遵守。同时，国内法与缔约国缔结的国际条约有不同规定时，应优先适用国际条约。

（二）国际贸易惯例

1. 国际贸易惯例的概念

国际贸易惯例一般是不成文法，是指国际商事主体多次重复类似的行为所形成的被普遍认可的、具有拘束力的习惯性规范或做法。

2. 国际贸易惯例的效力

法律上的惯例一旦被当事人加以采用，便对该当事人具有法律拘束力。从这个意义上说，虽然国际惯例没有普遍的约束力，无法与国际公约的效力相比，但在某些具体的当事人之间却有像国际公约一样的强制力。

（三）国内商事立法

国际经贸关系具有多样性和复杂性，现有的国际公约和惯例不可能满足实践中的需求；而且个人或企业在从事超越国境的经贸和商事活动时，也可能选择某国的国内法为准则，因此，国内法在商贸法律中仍占有重要地位。

在商贸活动中，各国国内商事立法与国际商贸条约、国际商贸惯例互为补充，成为商贸法律的重要组成部分。其中影响较大的有：《美国统一商法典》《英国货物买卖法》《法国商法典》《德国商法典》。

三、国际贸易纠纷案件的法律适用

（一）法律适用基本原则

国际贸易合同的当事人可以选择适用法律，包括国际公约、国际惯例、外国法或者有关地区的法律，但必须是实体法规范，不允许选择冲突规范和程序法规范。

当事人没有选择的，适用履行义务最能体现该合同特征的一方当事人经常居所地法律或者其他与该合同有最密切联系的法律，如买方或卖方所在地、合同履行地、合同签订地、诉讼标的物所在地等国家地区的法律。

我国法律规定：应当适用的法律为外国法律时，如该外国法律的适用将损害我国社会公共利益的，则应适用我国法律。

（二）外国法的查明

当事人选择适用外国法律的，应由当事人负责提供或者证明该外国法律的相关内容。

我国法院依照相关原则确定适用外国法律的，则由法院查明相关法律。查明的途径有：

1. 由与我国缔结司法协助条约或协定的对方司法机关提供。

2. 由我国驻该国使领馆提供。

3. 由该国驻我国使领馆提供。

4. 由中外法律专家提供。

对需要适用外国法律的一般应按照举证和质证规则予以查明。我国法院主动查找外国法律的，应当在法庭上出示并听取各方当事人意见。

不能查明外国法律或者该国法律没有规定的，适用我国法律。

😊 **学习感悟**

通过本节课的学习我了解了 _____，
学会了 _____，
我印象最深的是 _____。

📖 **实例应用**

1. 国际贸易惯例对于特定当事人具有法律上的约束力是（　　　）。

  A. 直接源于国家主权

  B. 基于国家间的缔约

  C. 基于国家立法

  D. 基于当事人各方的共同协议和自愿选择

2. 国际法上的条约是国家及其他国际法主体间所缔结的一种书面协议，它的形式包括（　　　）。

  A. 条约　　　　B. 公约　　　　C. 协定　　　　D. 议定书

第三节 我国对外贸易法

引导案例

1998 年，美国企业诉中国果汁倾销，要求对来自中国的浓缩苹果汁征收 91% 的反倾销税。接到美方的反倾销诉讼时，中国果汁生产商甲公司联合 9 家国内企业经过充分的准备欣然应诉。经过艰难的应诉，美国国家贸易委员会做出最终裁决，对来自中国的浓缩苹果汁征收 51.74% 的反倾销税。

案例讨论

1. 从国家角度出发，我们应该如何进一步改善我国的对外贸易环境？

----

2. 从企业角度出发，企业如何应对世界贸易市场中的各种危机？

技能提示

一、《中华人民共和国对外贸易法》的立法概况

对外贸易法简称外贸法，从狭义上讲，对外贸易法指 1994 年通过实施的《中华人民共和国对外贸易法》，该法于 2004 年修订，共 11 章 70 条。从广义上讲，对外贸易法是调整在国家协调本国对外贸易过程中发生的经济关系的法律规范的总称。

二、对外贸易法的适用范围

（一）对外贸易法所适用的主体范围

《对外贸易法》适用的主体是指直接或间接从事或管理货物、技术进出口和国际服务贸易活动以及与贸易有关的知识产权保护，享受权利与承担义务的自然人、法人和其他组织。

具体包括：国家负责对外贸易的管理机关；在中国从事货物进出口、技术进出口和国际服务贸易活动的中国法人、个人和其他组织；按照中国法律、行政法规的规定，在中国境内从事对外贸易活动的外国法人、其他组织和个人。

（二）对外贸易法所适用的贸易范围

对外贸易法中所称的对外贸易，是指货物进出口、技术进出口和国际服务贸易。

我国对外贸易法律制度适用于货物进出口、技术进出口、国际服务贸易以及与此相关的知识产权保护。

国家准许货物与技术的自由进出口，但法律、行政法规另有规定的除外。

（三）对外贸易法所适用的地域范围

在中华人民共和国国境内发生的对外贸易行为，原则上均适用《对外贸易法》。中华人民共和国的单独关税区，如香港特别行政区、澳门特别行政区及台湾地区不适用《对外贸易法》。

（四）对外贸易法所适用的管理行为

对外贸易的管理行为是基于管理关系而形成的，具体可划分为：对货物进出口的管理、对技术进出口的管理、对国际服务贸易的管理和与对外贸易有关的知识产权保护四种形式。

三、对外贸易法的主要内容

2004 年修订实施的《中华人民共和国对外贸易法》既适应了世贸组织规则的要求，又注重借鉴了各国外贸立法的先进经验，主要包含以下内容：

（一）放开对外贸易经营者资格的要求

《中华人民共和国对外贸易法》第 8 条规定："本法所称对外贸易经营者，是指依法办理工商登记或者其他执业手续，依照本法和其他有关法律、行政法规的规定从事对外贸易经营活动的法人、其他组织或者个人。"对外贸易经营者的范围扩大到依法从事对外贸易经营活动的个人。

（二）放宽对外贸易经营权的审批制度

对货物和技术进出口经营权的审批，只要求对外贸易经营者进行备案登记。

（三）调整国营贸易的管理

国家对部分货物的进出口实行国营贸易管理。实行国营贸易管理货物的进出口业务只能由经授权的企业经营；但是，国家允许部分数量的国营贸易管理货物的进出口业务由非授权企业经营的除外。实行国营贸易管理的货物和经授权经营企业的目录，由国务院对外贸易主管部门会同国务院其他有关部门确定、调整并公布。

（四）准许货物与技术的自由进出口

实行自动许可的进出口货物，收货人、发货人在办理海关报关手续前提出自动许可申请的，国务院对外贸易主管部门或者其委托的机构应当予以许可；进出口属于自由进出口的技术，应当向国务院对外贸易主管部门或者其委托的机构办理合同备案登记。

国家对部分货物、技术的进出口实行限制或禁止。国家对限制进口或者出口的货物，实行配额、许可证等方式管理；对限制进口或者出口的技术，实行许可证管理。国家对部分进口货物可以实行关税配额管理。

（五）加强与对外贸易有关的知识产权保护

国家依照有关知识产权的法律、行政法规，保护与对外贸易有关的知识产权。

进口货物侵犯知识产权并危害对外贸易秩序的，国务院对外贸易主管部门可以采取在一定期限内禁止侵权人生产、销售的有关货物进口等措施。

知识产权权利人如果有阻止被许可人对许可合同中的知识产权的有效性提出质疑、进行强制性一揽子许可、在许可合同中规定排他性返授条件等行为之一，并危害对外贸易公平竞争秩序的，国务院对外贸易主管部门可以采取必要的措施消除危害。

其他国家或者地区在知识产权保护方面未给予中华人民共和国的法人、其他组织或者个人国民待遇，或者不能对来源于中华人民共和国的货物、技术或者服务提供充分有效的知识产权保护的，国务院对外贸易主管部门可以依照本法和其他有关法律、行政法规的规定，并根据中华人民共和国缔结或者参加的国际条约、协定，对与该国家或者该地区的贸易采取必要的措施。

（六）维护对外贸易秩序

规范对外贸易中的垄断、发布虚假广告、进行商业贿赂等不正当竞争行为以及其他扰乱对外贸易秩序的行为。

根据不同的危害对外贸易秩序的行为，国务院对外贸易主管部门可以采取禁止该经营者有关货物、技术进出口等措施消除危害，或者可以向社会公告。

（七）建立对外贸易调查措施，完善对外贸易救济制度

为了维护对外贸易秩序，国务院对外贸易主管部门可以自行或者会同国务院其他有关部门，依照法律、行政法规的规定对货物进出口、技术进出口、国际服务贸易对国内产业及其竞争力的影响；有关国家或者地区的贸易壁垒；为确定是否应当依法采取反倾销、反补贴或者保障措施等对外贸易救济措施，需要调查的事项；规避对外贸易救济措施的行为；对外贸易中有关国家安全利益的事项及其他影响对外贸易秩序，需要调查的事项进行调查。

调查可以采取书面问卷、召开听证会、实地调查、委托调查等方式进行。国务院对外贸易主管部门根据调查结果，提出调查报告或者做出处理裁定，采取适当的对外贸易救济措施。

（八）建立和完善对外贸易促进机制

1. 国家根据对外贸易发展的需要，建立和完善为对外贸易服务的金融机构，设立对外贸易发展基金、风险基金。

2. 国家通过进出口信贷、出口信用保险、出口退税及其他促进对外贸易的方式，发展对外贸易。

3. 国家建立对外贸易公共信息服务体系，向对外贸易经营者和其他社会公众提供信息服务。

4. 国家采取措施鼓励对外贸易经营者开拓国际市场，采取对外投资、对外工程承包和对外劳务合作等多种形式，发展对外贸易。

5. 对外贸易经营者可以依法成立和参加有关协会、商会。

6. 中国国际贸易促进组织按照章程开展对外联系，举办展览，提供信息、咨询服务和其他对外贸易促进活动。

7. 国家扶持和促进中小企业、民族自治地方和经济不发达地区开展对外贸易。

（九）加大对违法行为的处罚力度

通过刑事处罚、行政处罚和从业禁止等多种手段，加大对对外贸易违法行为以及对外贸易中侵犯知识产权行为的处罚力度。

😊 **学习感悟**

通过本节课的学习我了解了 _____，
学会了 _____，
我印象最深的是 _____。

📖 **实例应用**

1. 下列选项中，适用我国《对外贸易法》的是（　　　）。
   A. 香港特别行政区　　　　　　B. 台湾地区
   C. 澳门特别行政区　　　　　　D. 边境经济开发区

2. 下列哪些属于我国《对外贸易法》的适用范围？（　　　）
   A. 少林武僧前往纽约举办专场演出

B. 中国足球联赛受到狂热追捧，其赛事被欧洲各国疯狂有偿转播

C. 中国火锅店在美国各大城市设立分店

D. 北美某旅行社在中国组团墨西哥 10 日游

3. 依 2004 年修订的我国《对外贸易法》的规定，基于保障国家国际金融地位和国际收支平衡的原因，国家可以对货物贸易采取下列哪项措施？（　　）

A. 禁止进口 　　　　　　　　　B. 禁止出口

C. 限制进口 　　　　　　　　　D. 限制出口

知识链接

援引国际贸易惯例解决贸易纠纷时应注意的问题

第一，国际贸易惯例并非是法律。因此，对买卖双方没有约束性，可采用也可不采用；

第二，如果买卖双方在合同中明确表示采用某种惯例时，则被采用的惯例对买卖双方均有约束力；

第三，如果合同中明确采用某种惯例，但合同中的条款与所采用的惯例相抵触，只要这些条款与本国法律不矛盾，就将受到有关国家的法律的承认和保护，即以合同条款为准；

第四，如果合同中既未对某一问题做出明确规定，也未订明采用某一惯例，当发生争议付诸诉讼或提交仲裁时，法庭和仲裁机构可引用惯例作为判决或裁决的依据。

世界主要法系简介

第二章

法系是比较法学的核心概念，是在对各国法律制度的现状和历史渊源进行比较研究的过程中形成的概念。法系划分的理论依据主要是法的传统。许多国家的法律，在法律技术、法律术语、法律结构、法律观念、法律方法及相应的文化背景方面是相同或近似的。

学者们一般认为，当代世界主要法系有三个：大陆法系，英美法系，以及前苏联和东欧国家的法律为代表的社会主义法系。其他的法系还有伊斯兰法系、印度法系、中华法系、犹太法系、非洲法系等。前两个法系是在西方国家形成和发展起来的，对当代国际商贸法律影响很大。

技能目标

1. 可以准确定位世界各国的法系归属问题。
2. 能够综合分析世界各国国家法律效力及合理应用分析问题。

知识目标

1. 认知大陆法系。
2. 认知英美法系。

重点难点

1. 大陆法系与英美法系的各自特点。
2. 对比分析大陆法系与英美法系的区别。

第一节　大陆法系

引导案例

德国著名法学家耶林在其著名著作《罗马法的精神》中说:"罗马帝国曾经三次征服世界,第一次以武力,第二次以宗教(天主教),第三次以法律。武力因罗马帝国的灭亡而消失,宗教随着人民思想觉悟的提高、科学的发展而缩小了影响,唯有法律征服世界是最为持久的征服。"

案例讨论

1. 耶林的这段话说明了什么问题?

----

2. 罗马法对世界法律体系的影响主要体现在哪些地区?

技能提示

一、大陆法系的概念

大陆法系又称为法典法系或民法法系,一般是指以罗马法为基础、以法国法和德国法为典型代表而形成和发展起来的一个完整的法律体系的总称。大陆法系最先产生于欧洲大陆,它是资本主义国家中历史悠久、分布广泛、影响深远的法系。

大陆法系包括两个支系,即法国法系和德国法系。法国法系是以 1804 年《法国民法典》为蓝本建立起来的,它以强调个人权利为主导思想,反映了自由资本主义时期社会经济的特点。德国法系是以 1896 年《德国民法典》为基础建立起来的,强调国家干预和社会利益,是垄断资本主义时期法的典型。

二、大陆法系的分布范围

大陆法系以法国和德国为代表，包括比利时、西班牙、葡萄牙、意大利、奥地利、瑞士、荷兰，以及曾是法国、西班牙、葡萄牙、荷兰四国早期殖民地的国家和地区。北欧各国如挪威、瑞典、丹麦、芬兰和冰岛的法律，通称为斯堪的纳维亚法律，基本上也属于大陆法系。

在北美，美国的路易斯安那州及加拿大的魁北克省的法律，也因历史上的原因，属于大陆法系范围。在非洲，刚果、卢旺达、布隆迪等国法律，由于以前的殖民地历史，属于大陆法系；北非各国的法律，如阿尔及利亚、摩洛哥、突尼斯等国的法律，也受大陆法系的强烈影响。国民党统治时期的旧中国也属于这一法系。

三、大陆法系的特点

（一）强调成文法的作用

大陆法系的首要特点就是强调成文法的作用，它在结构上强调法律的系统化、归类化、法典化和逻辑性。

（二）全部法律分为公法和私法

大陆法系各国接受了罗马法学家乌尔比安的公法与私法划分的概念，将全部法律分为公法和私法两大部分。

（三）注重法典的编纂工作

1804 年的《法国民法典》是 19 世纪大陆法系法典的一个典型。它既是资本主义社会第一部民法典，也是大陆法系的核心和基础，对法国以及其他资本主义国家的民法产生深远影响。除民法典之外，还有商法典、刑法典、刑诉法典等。

（四）法律渊源以成文法为主

大陆法系的法律渊源依次表现为：法律、习惯、判例和学理。法律是最主要的法律渊源。法律包括宪法、法典、法律和条例等。宪法在一国法律体系中居于最高权威地位，习惯的地位在大陆法系国家仅次于法律，判例原则上仅仅对被判处的案件有效，但也有例外。在司法过程中，法官的判决只是起着加强对法律的解释作用，一般

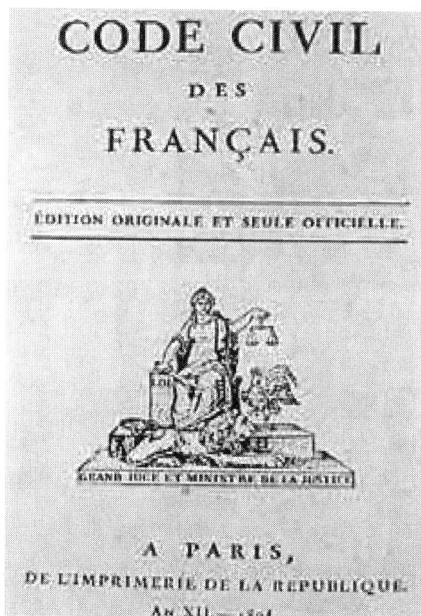

CODE CIVIL
DES
FRANÇAIS.

EDITION ORIGINALE ET SEULE OFFICIELLE.

A PARIS,
DE L'IMPRIMERIE DE LA RÉPUBLIQUE.
AN XII.—1804

不承认法官的造法功能。

（五）受罗马法影响极深

大陆法系上述特征，都是全面地直接地受到罗马法影响的结果，或者说，大陆法系全面地继承了罗马法的主要内容才形成了其上述特征。

（六）专门法院与普通法院同时并存

大陆法各国的法院组织虽然各有特点，但都有一些共同之处。主要表现在：法院的组织层次基本相同；各国除普通法院以外，都有一些专门法院与普通法院同时并存，如商事法院、劳动法院、亲属法院。

☺ 学习感悟

通过本节课的学习，我了解了_____，
学会了_____，
我印象最深的是_____。

📖 实例应用

罗马法《学说汇纂》中记录这样一个案例：某人把洗衣人告上法庭，要求他赔偿自己衣服被老鼠咬破的损失。原告说："按照约定，衣服洗好后你应该妥善保管，事先考虑到各种可能出现的问题。你应使用鼠夹和鼠药来预防鼠害，可是在你的店里甚至连一只猫都没有。"最后法官判定洗衣人要依照承揽之诉承担责任。

这一案例体现出罗马法的原则是（　　）。

A. 私有财产神圣不可侵犯　　　　B. 公平、公正

C. 谨慎履行契约　　　　　　　　D. 法律面前人人平等

📘 知识链接

罗马法

罗马法，一般泛指罗马奴隶制国家法律的总称，存在于罗马奴隶制国家的整个历史时期。它既包括自罗马国家产生至西罗马帝国灭亡时期的法律以及皇帝的命令、元老院的告示、成文法和一些习惯法在内，也包括公元 7 世纪中叶以前东罗马帝国的法

律。罗马法于东罗马帝国皇帝查士丁尼一世时期达到鼎盛。

同其他早期国家一样，罗马在国家形成的初期，并不存在成文法典，唯一具有法律权威和功用的便是当时人的习惯。罗马法体系可分为前期和后期的集大成。前期的集大成是在习惯法基础上形成的《十二铜表法》，这是罗马历史上第一部成文法典；后期的集大成是《罗马法大全》（或称《国法大全》），由学说汇纂、法学提要、敕谕集成与新敕谕编纂而成。个别的成文法共有六种：（1）国民会议决议；（2）平民会议决议；（3）元老院决议；（4）高级官吏告令；（5）法学家解答；（6）皇帝敕谕。

（引自人民法院报、中国法院网）

第二节　英美法系

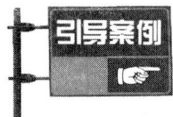

引导案例
👉

1994 年前美式橄榄球运动员辛普森（O. J. Simpson）杀妻一案成为当时美国最为轰动的事件，美国新闻媒介把辛普森案的审判称为"世纪审判"。当时此案的审理一波三折。1995 年 10 月 3 日，这起双重谋杀案最终经陪审团裁定，在证据"充分"的情况下，辛普森"谋杀罪名不成立"，仅被判定为对两人的死亡负有民事责任。

案例讨论

1. 辛普森"谋杀罪名不成立"的裁定是由谁做出的？

----

2. 法官在这一案件的审理上起着什么作用？

技能提示

一、英美法系的概念

英美法系又称普通法系、判例法系、英国法系，是指英国自中世纪以来的法律，特别是以普通法为基础产生和发展起来的法律的总称。

二、英美法系的分布范围

英国、美国及其他过去曾受英国殖民统治的国家和地区，如加拿大、澳大利亚、新西兰、爱尔兰、印度、巴基斯坦、马来西亚和新加坡等，中国香港地区也采用英美法系。

但是，联合王国的苏格兰、美国的路易斯安那州和加拿大的魁北克省属于大陆法体系。

三、英美法系的特点

1. 以英国为中心，英国普通法为基础

普通法来源于英国中世纪以法官判决形成的判例法，一般认为，从亨利一世即位至亨利三世逝世期间（1100—1272 年）是普通法的形成时期。

2. 以判例法为主要表现形式，遵循先例

英国和美国的法律渊源中都是以判例为主，其次才是成文法。一般来讲，下级法院应当遵循上级法院的判例，上诉法院还要遵循自己以前的判例。

3. 变革相对缓慢，具有保守性，"向后看"的思维习惯

4. 法官对法律的发展所起的作用举足轻重

5. 在法律结构上，将法律分为：普通法和衡平法

美国法还分为联邦法和州法两类。联邦立法主要是国防、外交、货币、国际贸易、税收等方面；州法主要集中在家庭、继承、公司、保险、程序法等方面。

6. 注重程序的"诉讼中心主义"

英国一直有"救济先于权利"的理念，如果权利缺乏适当的救济方法，权利也就根本不能存在，不能得到法律保护。

7. 法院组织复杂

英国的法律分为普通法和衡平法两类，基于这种分类，英国法院也可分为普通法院和衡平法院两套组织。经过 19 世纪以后的多次法院改革，普通法院和衡平法院的区分已渐渐消失，但其法院组织仍十分复杂。它把法院分为高级法院和下级法院两种。

美国的法院分为联邦法院和各州法院两套组织。美国联邦法院是根据美国宪法和美国法律成立的法院。其中美国宪法只指明要成立最高法院，其余法院由美国国会授权成立，法官为终身职位。

美国联邦法院主要由地区法院、上诉法院、最高法院组成。最高法院是美国最高

司法机构，除受理特殊的一审案件和一般的二审案件之外，拥有最重要的权力是司法审查权，即有权对法律是否违宪行使监督权。美国各州都有自己的法院系统，一般都设有两个审级：一审法院和上诉审法院。

学习感悟

通过本节课的学习，我了解了_____，
学会了_____，
我印象最深的是_____。

实例应用

1. 下列属于英美法系的国家或地区是（　　）。

   A. 印度   B. 西班牙

   C. 法国   D. 意大利

2. 下列属于美国司法机构的是（　　）。

A.   B.

C.   D.

知识链接

<h1 style="text-align:center">美国首席大法官的权与责</h1>

美国首席大法官（Chief Justice of the United States）这一称谓在 1866 年 7 月 31 日第一次被正式使用。到 1869 年，补充条例规定，最高法院由一名首席大法官和八名大法官组成。首席大法官是最高法院的行政长官，但在裁决案件时，同其他法官一样，只有一票的表决权。美国最高法院的大法官和首席大法官都是由总统提名，然后由美国参议院批准。《美国宪法》规定："（合众国的）司法权属于最高法院及国会随时规定和设立的下级法院。法官廉洁奉公，非因行为违法，终身在职。"

美国是典型的三权分立的国家。作为三权中的一权，首席大法官可以宣布立法机关的法律违反宪法，甚至可以废除法律；此外，首席大法官享有终身任期，总统以及国会都不能简单开除他的职务；反过来，首席大法官还可以主持弹劾总统的审判，有权颁布逮捕令等，这都使得美国首席大法官可以叱咤风云，成为美国"最有影响的人"。

美国首席大法官的义务主要有：

1. 如果首席大法官是最高法院审理的案件中的多数派成员，他/她需要书写"最高法院判决意见书"，或者可以指派一名和他/她意见一致的大法官来完成写作。

2. 宪法规定首席大法官应在参议院对美国总统提出弹劾时主持审判。（历史上，只有蔡斯和伦奎斯特主持过总统弹劾审判，前者主持的是 1868 年对总统安德鲁·约翰逊弹劾案，后者主持的是 1999 年的克林顿案。）

3. 当副总统担任代总统时，主持对副总统的弹劾审判。（这一条并不属于宪法规定的义务，而是参议院的规定。美国历史上，尚无副总统被弹劾，主要是代总统的任职时间大多不过几个小时。1973 年美国副总统斯皮罗·安格纽曾迫于被弹劾的威胁而自动辞职。）

4. 主持美国总统就职典礼时的宣誓仪式。（首席大法官的这项义务是传统性的，而非宪法性的。事实上在美国，所有的州法官、联邦法官以及公证员都享有法律赋予的权力主持宣誓和声明。）

5. 担任斯密森南研究院的院长（Chancellor of the Smithsonian Institution）。

6. 担任美国联邦法院主要行政机构——美国司法会议的会长。司法会议主要是由《权力授予法案规则》赋予权力，来制定规则确保联邦法院的平稳运行。

（作者刘玲，引自中国法院网 www.chinacourt.org）

第三节　大陆法系与英美法系的区别

案例讨论

1. 以上图片哪一个是英美法系的法庭？哪一个是大陆法系的法庭？

----

2. 你做出上述判断的依据是什么？

技能提示

一、从法律渊源来看

大陆法系具有制定法的传统。制定法是其主要法律渊源，判例一般不被作为正式法律渊源（除行政案件外），对法院审判无约束力，在法院审判中可以有重大参考作用，但只能被认为是非正式意义上的法的渊源。

英美法系的法律渊源既包括各种制定法，也包括判例。判例所构成的判例法在整个法律体系中占有非常重要的地位，上级法院的判例对下级法院在审理类似案件时有约束力。

二、从法典编纂来看

大陆法系的一些基本法律一般采用系统的法典形式。

英美法系一般不倾向法典形式，其制定法一般是单行的法律和法规。当代英美法系虽然学习借鉴了大陆法系制定法传统，但也大都是对其判例的汇集和修订。

三、从法律结构来看

大陆法系的基本结构是在公法和私法的分类基础上建立的，传统意义上的公法指宪法、行政法、刑法以及诉讼法；私法主要是指民法和商法。

英美法系的基本结构是在普通法和衡平法的分类基础上建立的，不严格划分公法和私法。从历史上看，普通法代表立法机关（协会）的法律，衡平法主要代表审判机关（法官）的法律（判例法），衡平法是对普通法的补充规则。

四、从法律适用来看

大陆法系的法官在确定事实以后首先考虑制定法的规定，而且十分重视法律解释，以求制定法的完整性和适用性。

英美法系法官在确定事实之后，首先考虑的是以往类似案件的判例，将本案与类似判例加以比较，从中找到本案的法律规则或原则，这种判例运用方法又称为"区别技术"。

五、从诉讼程序传统来看

大陆法系的诉讼程序以法官为重心，突出法官职能，具有"纠问"程序的特点，而且多由法官和陪审员共同组成法庭来审判案件。

英美法系的诉讼程序以原告、被告及其辩护人和代理人为重心，法官只是双方争论的"仲裁人"而不能参与争论，与这种"对抗式"（也称抗辩式）程序同时存在的是陪审团制度，陪审团主要负责做出事实上的结论和法律上的基本结论（如有罪或无罪），法官负责做出法律上的具体结论，即判决。

六、对法律程序的重视程度

大陆法系国家，权利与义务关系由明确法律规则预先加以界定，这些法律规则主要表现为实体法，因而实体法比程序法更受重视。普通法则更加强调程序法的重要性。

此外，两大法系在法律分类、法律术语、法学教育、司法人员录用和司法体制等方面，也有许多不同之处。

☺ 学习感悟

通过本节课的学习，我了解了＿＿＿＿＿＿＿＿＿＿＿＿＿＿＿＿＿＿＿＿＿，
学会了＿＿＿＿＿＿＿＿＿＿＿＿＿＿＿＿＿＿＿＿＿＿＿＿＿＿＿＿＿＿，
我印象最深的是＿＿＿＿＿＿＿＿＿＿＿＿＿＿＿＿＿＿＿＿＿＿＿＿＿。

📖 实例应用

1. 与大陆法系相比，下面属于英美法基本特点的有（　　）。

    A. 以判例法为主要法律渊源

    B. 以罗马法为历史渊源，同时受到日耳曼法的强烈影响

    C. 法官对法律的发展所起的作用举足轻重，普通法系素有"法官造法"之称

    D. 理论性相对较弱，不严格划分公法和私法

2. 法官有可能创制法律的法系是（　　）。

　　A. 英美法系　　　　B. 大陆法系　　　C. 中华法系　　　D. 印度法系

3. 请用彩笔标出下图中不同法系的国家。

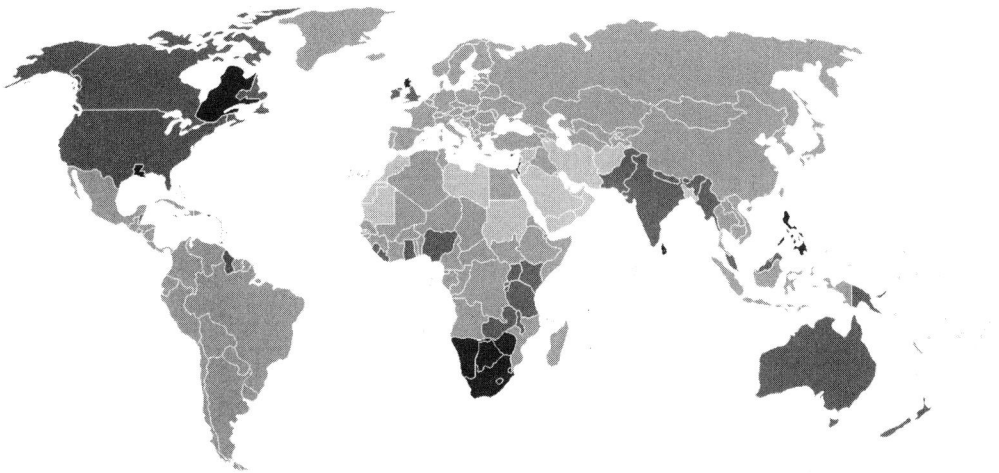

第三章

关于合同的主要法律规定

合同法是市场经济的基本法，是民商法的重要组成部分。合同法所规范的合同与人们的生产、生活息息相关，是人们生产、生活中不可或缺的法律手段。老百姓的日常生计、法人的生产经营、一国的科技进步、社会财富的增加、国际经济交往，都需要用合同法进行规范。本章结合相关的案例分析，向大家介绍合同的定义、特征、形式和合同法的基本原则；合同的成立；合同的履行；违约责任。这些合同法的知识将对大家的日常生活和经济生活提供借鉴作用。

技能目标

1. 具备分析合同有效性的能力。
2. 具备正确分析合同履行纠纷的能力。
3. 具备正确行使合同履行抗辩权的能力。
4. 具备灵活运用合同履行担保方式的能力。
5. 具备采取正确方法对违约进行救济的能力。

知识目标

1. 了解合同的定义、特征、分类和合同法的基本原则。
2. 掌握合同成立的程序、成立的时间、地点的法律规则。
3. 掌握合同履行的内容及其法律规则、合同履行担保的方式。
4. 掌握违约的形态、违约责任的方式。

重点难点

1. 合同的分类。
2. 要约和承诺的有效条件。
3. 合同履行的规则、合同履行的担保方式。
4. 违约的分类。

第一节　合同法概述

引导案例

李某通过他人得知赵某家有一清代花瓶，上门求购。赵某尚不知该花瓶的真实价值，李某遂用 1.5 万元买下该花瓶。随后，李某将该花瓶送至某拍卖行进行拍卖，卖得价款 11 万元。赵某在一个月后得知此事，认为李某欺骗了自己，通过许多渠道找到李某，要求李某退回花瓶。李某以买卖花瓶是双方自愿的、不存在欺骗为由，拒绝了赵某的请求。经人指点，赵某到李某所在地人民法院提起诉讼，请求撤销合同，并请求李某返还该花瓶。

案例讨论

1. 赵某的诉讼请求有无法律依据？

----

2. 为什么？

----

3. 法院应如何判决？

技能提示

一、合同的定义

各国法律对合同的定义有不同的规定。根据我国《合同法》的规定，合同是平等主体的自然人、法人、其他组织之间设立、变更、终止民事权利义务关系的协议。合同也称为协议或契约。我国《合同法》只适用于财产关系的合同，而不适用于身份关系的合同。该法第 2 条规定：婚姻、收养、监护等有关身份关系的协议，适用其他法律的规定。

二、合同的法律特征

1. 合同是双方的法律行为，即需要两个或两个以上的当事人互为意思表示。
2. 双方当事人意思表示须达成协议，即意思表示要一致。
3. 合同以发生、变更、终止民事法律关系为目的。
4. 合同是当事人在符合法律规范要求条件下而达成的协议，故应为合法行为。

三、合同的形式

我国《合同法》规定，合同的形式有书面形式、口头形式和其他形式。书面形式是指合同书、信件和数据电文（包括电报、电传、传真、电子数据交换和电子邮件）等可以有形地表现所载内容的形式。

法律、行政法规规定采用书面形式的，应当采用书面形式；当事人约定采用书面形式的，应当采用书面形式。

课堂案例 3-1

甲公司于 6 月 5 日以传真方式向乙公司求购一台机床，要求"立即回复"。乙公司当日回复"收到传真"。6 月 10 日，甲公司电话催问，乙公司表示同意按甲公司报价出售，并要其于 6 月 15 日来人签订合同书。6 月 15 日，甲公司派人前往签约，乙公司要求加价，未获同意，乙公司遂拒绝签约。

请问：

1. 甲公司与乙公司之间的买卖合同是否成立？

----

2. 为什么？

四、关于合同的立法概况

（一）两大法系关于合同的立法概况

大陆法系合同法的渊源主要为成文法，如德国、法国、瑞士、意大利和日本等国，它们的合同法都是包含在民法典或债务法典中的。英美法系合同法的渊源则主要体现在普通法中，这是几个世纪以来由法院以判例形式发展起来的判例法。英美法系各国除印度外，都没有一套系统的、成文的合同法。虽然英美等国也制定了一些有关某种具体合同的成文法，如 1893 年《英国货物买卖法》，美国 1952 年公布《美国统一商法典》等，但他们只是对货物买卖合同及其他一些有关商事交易合同作了具体规定，至于合同法的许多基本原则，如合同成立的各项规则等，仍须按照判例法所确定的规则来处理。

（二）中国关于合同的立法概况

我国合同法的渊源主要体现在《民法通则》和《合同法》中。此外，我国的《中外合资经营企业法》《中外合作经营企业法》《海商法》《保险法》等分别对相关合同做了某些具体规定。

（三）关于合同的国际条约及惯例

有关国际组织制定的国际条约是国际合同法的重要渊源，如联合国国际贸易法委员会组织制定、并于 1980 年维也纳外交会议通过的《联合国国际货物销售合同公约》和罗马条约国际司法研究所制定的《国际商事合同通则》。国际商会制定的有关国际贸易惯例，如 2010 年《国际贸易术语解释通则》等，也是国际合同法的重要法律渊源。

五、合同法的基本原则

合同法的基本原则是指对合同关系的本质和规律进行集中抽象和反映、其效力贯穿于合同法始终的根本原则。合同法有以下五项基本原则：

1. 平等原则，指合同双方当事人地位平等；
2. 自愿原则，指合同的签订必须自愿，任何单位和个人都不能非法干预；
3. 公平原则，指双方权利义务的约定应当有公平性；
4. 诚信原则，指双方当事人就本着诚实、讲信用的精神签订和履行合同；
5. 维护公序良俗原则，指合同当事人应当遵守公共秩序，符合善良风俗，不得违反国家的公共秩序和社会的一般道德。

课堂案例 3 - 2

2014 年 5 月，甲厂与乙（个体经营者）签订一份《承揽合同》，由乙按甲厂提供的图案对该厂围墙进行喷绘，双方并就数量、质量、报酬、履行期限等进行了约定。但签约过程中，乙利用甲厂没有经验及所处地理环境偏远因而缺乏市场信息的局限，以高于同类市场价格（100 元左右/每平方米）三倍的报酬与甲厂签订了合同。喷绘完工之际，甲厂已按约支付乙一部分报酬。此时因偶然得知市场行情，遂不愿支付乙其余报酬并与乙反复协商而未果。后乙向法院起诉，要求甲方按合同约定支付全部报酬，甲则以订立合同时显失公平为由向法院请求变更报酬约定。

请问：

1. 本案的处理应适用合同法的哪些基本原则?

2. 法院应如何判决?

学习感悟

通过本节课的学习，我了解了 _____，
学会了 _____，
我印象最深的是 _____。

实例应用

1. 我国《合同法》不适用于（　　　）。
   A. 出版合同　　　　　　　　　　B. 收养合同
   C. 土地使用权合同　　　　　　　D. 质押合同

2. 合同的标的必须合法，这体现了合同法中的哪一条原则？（　　　）
   A. 自愿原则　　　　　　　　　　B. 公平原则
   C. 诚信原则　　　　　　　　　　D. 维护公序良俗原则

3. 合同终止以后当事人应当遵循保密和忠实等义务，此种义务在学术上称为后契约任务。此种义务的依据是（　　　）。
   A. 自愿原则　　　　　　　　　　B. 合法原则
   C. 诚实信用原则　　　　　　　　D. 协商原则

知识链接

违反合同原则的法律后果

订立合同时，谈判双方都应遵循一定的原则，只有这样，合同的订立才有意义。

1. 当事人违反平等原则，在缔约过程中一方以欺诈、胁迫的手段或者乘人之危，使对方在违背真实意思的情况下订立的合同，根据《合同法》第五十四条第二款规定，受损害方有权请求人民法院或者仲裁机构变更或者撤销所订立的合同。

2. 当事人违反合同自由原则，一方以欺诈、胁迫手段使对方在违背真实意思的情况下订立的合同，根据《合同法》第五十四条第二款规定，受损害方有权请求人民法院或者仲裁机构变更或者撤销所订立的合同。

3. 当事人违反公平原则，合同中的权利义务不对等，导致合同显失公平的，根据《合同法》第五十四条第一款规定，受损害方有权请求人民法院或者仲裁机构变更或者撤销所订立的合同。

4. 当事人违反诚实信用原则，在缔约过程中一方当事人故意告知对方虚假情况，或者故意隐瞒真实情况，致使对方当事人对合同性质、标的物的品种、质量、规格和数量等重要内容产生"重大误解"而签订合同的，根据《合同法》第五十四条第一款规定，受损害方有权请求人民法院或者仲裁机构变更或者撤销所订立的合同。

5. 当事人违反善良风俗原则，违反法律、行政法规的强制性规定或者损害社会公共利益的，根据《合同法》第五十二条的规定，另一方当事人有权请求人民法院或者仲裁机构确认该合同无效。

（引自找法网 http://www.findlaw.com/）

第二节 订立合同的必经程序

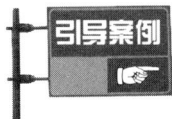

引导案例

某建筑工程公司因施工期紧迫而事先未能与有关厂家订好供货合同，造成施工过程中水泥短缺，急需 100 吨水泥。该建筑工程公司同时向 A 市海天水泥厂和 B 市的丰华水泥厂发函，函件中称："如贵厂有 300 号矿渣水泥现货（袋装），吨价不超过 1500 元，请在接到信 10 天内发货 100 吨。货到付款，运费由供货方自行承担。"

A 市海天水泥厂接信当天即回信，表示愿以吨价 1600 元发货 100 吨，并于第 3 天发货 100 吨至 S 省建筑工程公司，建筑工程公司于当天验收并接受了货物。

B 市丰华水泥厂接到要货的信件后，积极准备货源，于接信后第 7 天，将 100 吨袋装 300 号矿渣水泥装车，直接送至该建筑工程公司，结果遭到该建筑工程公司的拒收。

理由是：本建筑工程仅需要 100 吨水泥，至于给丰华水泥厂发函，只是询问协商，不具有法律约束力。丰华水泥厂不服，遂向人民法院提起了诉讼，要求依法处理。

案例讨论

1. 丰华水泥厂与该建筑工程公司之间是否存在生效的合同关系？

----

2. 该建筑工程公司拒收丰华水泥厂的 100 吨水泥是否于法有据？

----

3. 对海天水泥厂的发货行为应如何定性？

----

4. 海天水泥厂与建筑工程公司的合同何时成立？合同内容如何确定？

技能提示

合同法规定，合同成立的程序包括要约和承诺两个环节。一方的要约得到另一方承诺时，合同即告成立。

一、要约

（一）要约的定义

要约（offer），又称为发价或发盘，是指希望和他人订立合同的意思表示。《联合国国际货物销售合同公约》规定：向一个或一个以上特定的人提出的订立合同的建议，如果十分确定并且表明发价人在得到接受时承受约束的意旨，即构成发价。

（二）一项有效的要约应具备的条件

1. 要约人必须明确表示愿意按要约的内容与对方订立合同的意思

要约的特点在于：它一经受要约人承诺，合同即告成立，无须再征求要约人同意或经其确认。所以，一项有效的要约不能有附加或保留条件。

2. 要约内容必须明确肯定

就买卖合同来说，根据《联合国国际货物销售公约》第 14 条的规定，要约的内容应当包括以下三个条款：

（1）应当载明货物的名称；（2）应明示或默示地规定货物的数量或规定如何确定数量的方法；（3）应明示或默示地规定货物的价格或规定如何确定价格的方法。

3. 要约原则上应向一个或一个以上特定的受要约人发出

由于商业广告、招标和拍卖中的起拍价是向非特定人发出，所以它们一般不是要约，而是要约邀请。

4. 要约必须送达受要约人才能生效

要约只有在送达以后才能为受要约人所知悉，才有可能让受要约人考虑是否接受它。

课堂案例 3 - 3

甲公司通过电视发布广告，称其有 100 辆某型号汽车，每辆价格 15 万元，广告有效期 10 天。乙公司看到该则广告后于第 3 天自带金额为 300 万元的汇票去甲公司买车，但甲公司的车此时已全部售完，无货可供。

请问：

1. 甲公司是否有义务向乙公司供货？

2. 为什么？

（三）要约的约束力

要约的约束力包括要约对要约人的约束力和对受要约人的约束力两个方面。

1. 要约对要约人的约束力

要约对要约人的约束力包括要约可否撤回和撤销两个方面。

（1）要约的撤回

要约的撤回是指要约人在发出要约后到达受要约人之前，取消要约。要约必须送达受要约人才能生效，所以各国法律均规定要约可以撤回。我国《合同法》规定：要约可以撤回。撤回要约的通知应当在要约到达受要约人之前或者与要约同时到达受要约人。

（2）要约的撤销

要约的撤销是指要约人在要约送达受要约人以后，将该项要约取消，从而使要约的效力归于消灭。

要约的撤销与撤回的区别在于：撤回发生在要约生效之前，而撤销则发生在要约已经到达并生效但受要约人尚未做出承诺的期限内。

关于要约可否撤销问题，各国法律规定分歧较大。德国法律规定，要约送达受要约人之后不得撤销。英美法系规定，要约送达受要约人之后，在未被接受之前均可撤销。《联合国国际货物销售合同公约》第16条规定，在未订立合同之前，如果撤销通知于受要约人发出接受通知之前送达受要约人，要约可以撤销。但在两种情况下要约不得撤销：

（1）要约写明接受要约的期限或以其他方式表示要约是不可撤销的；

（2）受要约人有理由信赖该项要约是不可撤销的，而且受要约人已本着对该项要约的信赖行事。

我国《合同法》与《联合国国际货物销售合同公约》的规定基本一致。

2. 要约对受要约人的约束力

要约对受要约人不产生约束力，受要约人仅有决定是否承诺的权利，而没有答复的义务。例如甲向乙发出一项要约，要求乙在三天内予以答复，否则视为接受。如果乙在三天内不予以答复，合同是不能成立的。受要约人对要约的答复是出自礼貌，而不是出自法律义务。当然，如果双方有长期的交易习惯的除外。例如买卖双方已经形成了长期的交易习惯：卖方收到买方的订单后七天内未表示反对，则视为卖方接受买方的订单。这时，如果卖方对买方的订单有异议，则应该在七天内告知买方，否则合同成立。

课堂案例 3 - 4

甲是古董商，要求乙在三个月内修复十幅画，价格不超过一个具体金额。乙告知甲，为了决定是否承诺，有必要先对一幅画进行修复，然后才能在五天内明确答复。甲当即表示同意。第二天甲反悔了，想另找他人修复这些画。

请问：

1. 甲可以反悔吗？

_____

_____

2. 为什么？

_____

_____

二、承诺

（一）承诺的定义

承诺也称接受（acceptance），是指受要约人同意要约的意思表示。

（二）承诺的方式

我国《合同法》规定，承诺应当以通知的方式做出，但根据交易习惯或者要约表明可以通过行为做出承诺的除外。从以上规定可以看出，承诺的方式包括声明和行动。

1. 声明

声明可以是口头的，也可以是书面的。口头的承诺必须立即做出，书面的承诺必须在要约规定的期限内或合理时间内做出。

2. 行动

行动可以是发货或开立信用证等，通过行动来表示承诺的前提是要约中有规定或者是依双方之间已经确立的习惯做法。

缄默（silence）一般不构成承诺，但依交易习惯也可构成承诺。

（三）一项有效的承诺应具备的条件

1. 承诺必须由受要约人做出

非受要约人做出的接受不构成有效的承诺。例如卖方甲公司向买方乙公司发出一项要约，乙公司将此信息告知丙公司，丙公司对甲公司做出完全同意的意思表示。这时，丙公司对甲公司不构成承诺，而是丙公司对甲公司发出要约。

2. 承诺必须在要约的有效期内或合理时间内做出

如果是口头的承诺，必须立即做出；如果是书面的承诺，必须在要约规定的期限内或合理时间内做出。

3. 承诺必须与要约的内容一致

我国《合同法》的规定，承诺的内容应当与要约的内容一致。受要约人对要约的内容做出实质性变更的，为新要约。有关合同标的、数量、质量、价款或者报酬、履行期限、履行地点和方式、违约责任和解决争议方法等的变更，是对要约内容的实质性变更。承诺对要约的内容做出非实质性变更的，除要约人及时表示反对或者要约表明承诺不得对要约的内容做出任何变更的以外，该承诺有效，合同的内容以承诺的内容为准。

4. 承诺的传递方式必须符合要约的要求

如果要约人对承诺的方式有具体规定的，则承诺应按规定的方式做出。如果对承诺的方式未做规定的，则应按要约发出的方式做出。

课堂案例 3-5

我国 A 公司将从美国进口的货物转卖给法国 B 公司，A 公司向 B 公司发出要约，B 公司复电表示接受要约中的各项条件，但要求提供原产地证书。A 公司当时未提出异议。十天后，B 公司向 A 公司开出信用证，在信用证的单据条款中规定 A 公司须提供原产地证书。但因该产品并非我国所产，我国 A 公司不能取得原产地证书。于是 A 公司电告 B 公司要求删去信用证中的原产地证书的要求。B 公司予以拒绝，双方因此发生争议。

请问：

1. 根据我国《合同法》，A、B 公司间的合同是否成立？

----

2. 为什么？

（四）承诺的生效时间

承诺的生效时间，两大法系有不同的规定，大陆法系国家认为承诺到达要约人时生效；英美法系国家则认为承诺投邮时（发出时）生效。《联合国国际货物销售合同公约》和我国法律与大陆法系的规定一致。

（五）承诺的撤回和撤销

英美法系规定承诺发出时合同成立，所以承诺发出后不能收回。《联合国国际货物销售合同公约》、中国法律和大陆法系则认为承诺可以撤回，只要撤回的通知在原承诺之前或同时送达要约人。

承诺不可以撤销，因为承诺生效时合同已经成立。

课堂案例 3-6

2013 年 5 月 6 日，我出口公司通过传真对外发出一项要约，内容如下："报 200 公吨一级中国大米，7 月份装运，每公吨 400 美元 CIF 伦敦，麻袋包装，每袋 25 公斤，有效期为 5 天。"请根据我国《合同法》对以下问题做出分析。

1. 该要约是否有效？为什么？

----

2. 该项要约能否撤回？为什么？

----

3. 该项要约能否撤销？为什么？

----

4. 假设5月7日外方通过传真承诺如下："确认你方5月6日要约，6月份装运。"我方不予答复，合同能否成立？为什么？

----

5. 假设5月7日外方通过传真承诺如下："确认你方5月6日要约，新麻袋包装。"我方不予答复，合同能否成立？为什么？

学习感悟

通过本节课的学习我了解了 _____，
学会了 _____，
我印象最深的是 _____。

实例应用

1. 下列哪项属于要约？（　　　）

　　A. 价目表　　　　B. 拍卖公告　　　　C. 招标公告　　　　D. 订单

2. 从性质上讲，企业的投标行为属于（　　　）。

　　A. 要约　　　　B. 要约邀请　　　　C. 承诺　　　　D. 询价

3. 受要约人拒绝要约后，在承诺期限内又表示同意的应视为（　　　）。

　　A. 要约邀请　　　B. 发出新要约　　　C. 变更要约　　　D. 承诺有效

第三节 合同成立的有效条件

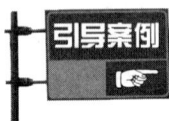

引导案例

A国甲公司与B国乙公司订立国际货物买卖合同，甲公司从乙公司进口带有放射性的废旧军事物品，货款为500万元，付款后提货。合同规定乙公司须出具一份一般废旧物品的文件，以便甲公司可以办理进口手续。在合同规定的付款时间来临时，甲公司借口手头资金紧缺，只支付了200万元即提走了全部货物。乙公司一再催讨余款无果，遂向法院起诉，要求甲公司支付尚欠的货款。

案例讨论

1. 该买卖合同是否有效？为什么？

----

2. 双方是否可以各自返还财物给对方？为什么？

技能提示

一、合同生效的条件

合同生效即合同有效成立，其必须符合主体资格、程序、内容、形式等诸多条件的要求，否则可能是无效合同，可变更、可撤销合同，或效力待定合同等。一项有效合同应具备以下六项条件：

（一）当事人之间必须达成协议

即合同当事人必须通过要约与承诺这两个环节达成协议，合同才能成立。合同成立是合同生效的前提条件。

课堂案例 3 - 7

甲单位由于需要大量钢材，遂向乙供应商发出要约，要求其在一个月内供货，但数量待定。乙回函表示：1 个月内可供货 2000 吨，甲未做表示。

请问：

1. 甲、乙之间的合同是否成立？

---

2. 为什么？

（二）当事人必须具有订立合同的行为能力

自然人订立合同必须具有完全民事行为能力，法人订立合同必须由法定代表人或其授权的人签字，且其一般不得超越经营范围。

课堂案例 3 - 8

中学生赵某，年仅 15 周岁，但面貌成熟，身高 175 厘米，像是二十七八岁。赵某为了买一辆摩托车，欲将家中一套闲房卖掉来筹购车款。后托人认识了李某，与李某签订了购房合同，李某支付定金 5 万元，双方到房屋管理部门办理了房屋产权转让手续。赵某父亲发现此事后，起诉到法院。

请问：

1. 该房屋买卖合同是否有效？

---

2. 法院应做出怎样的判决？

---

3. 请说明法律依据。

（三）合同必须等价有偿

合同当事人的法律地位是平等的，合同的内容不得显失公平。因显失公平而订立的合同，当事人一方有权请求人民法院或者仲裁机构变更或者撤销该合同，当事人请求变更的，人民法院或者仲裁机构不得撤销。

课堂案例3-9

2011年6月，王某想承租李某名下的一套房屋，租期为一年，双方口头上达成了协议，并由李某制作出正式的《租房协议》书面文本，双方均已签字。然而由于李某粗心大意，经其手打印出来协议中租金一项单价计算标准少了"每月"二字，变成为"租金400元"。后在李某追收房租的过程中，王某认为双方所签协议时是自愿的，该协议有效，应按协议操作，只付给李某400元房租。这样一来李某所收租金只为同地段同样房屋租金的1/12，李某认为自己的合法权益受到侵害，遂将王某告上法庭，要求撤销原协议，并要求王某补齐所差房租。

请问：

1. 王某和李某之间的合同效力如何认定？

----

2. 李某的主张能否得到法院的支持？

----

3. 请说明法律依据。

（四）合同的标的和内容必须合法

合同的标的物不得为违禁品，合同的内容不得违法，否则将构成无效合同。

（五）合同必须符合法律规定的形式要求

合同的形式有口头、书面和其他形式，法律对合同的形式有特殊要求的，必须符合法律的特定要求。例如，土地和房屋买卖合同应当采用书面形式，并须在土地和房屋主管部门办理登记手续，否则合同不能生效。

（六）当事人的意思表示必须真实

当事人订立合同必须遵循自愿的原则，合同的订立不得存在欺诈、胁迫。

课堂案例 3-10

2013 年 4 月 20 日中国甲公司与美国乙公司在广交会上口头达成一份货物出口合同，约定采用信用证支付。5 月 10 日，中国甲公司收到美国乙公司开来的信用证，因此时合同项下货物的价格已经明显上涨，甲公司以双方尚未达成书面合同为由将信用证退回美国乙公司。

请问：

1. 甲公司和乙公司之间的买卖合同是否成立？

----

2. 为什么？

二、合同成立的时间

1. 一般情况下，合同在承诺到达要约人时成立。

2. 当事人采用合同书形式订立合同的，自双方当事人签字或者盖章时合同成立。

3. 采用合同书形式订立合同，在签字或者盖章之前，当事人一方已经履行主要义务，对方接受的，该合同成立。

4. 当事人采用信件、数据电文等形式订立合同的，可以在合同成立之前要求签订确认书。签订确认书时合同成立。

课堂案例 3-11

甲公司与一香港公司就购买一批文化用具进行磋商，甲公司在传真中言明如达成协议则以最终签订售货确认书为准。香港公司在接到甲公司的最后一份传真时认为双方已就该笔买卖的价格、期限等主要问题达成一致，遂于 2013 年 9 月 1 日向甲公司开出信用证，但甲公司以信用证上注明的价格条件不能接受为由拒绝发货。

请问：

1. 该买卖合同是否成立？

----

2. 为什么？

_____

_____

三、合同成立的地点

1. 一般情况下，承诺生效的地点为合同成立的地点。

2. 当事人采用合同书形式订立合同的，双方当事人签字或者盖章的地点为合同成立的地点。

3. 采用数据电文形式订立合同的，收件人的主营业地为合同成立的地点。没有主营业地的，其经常居住地为合同成立的地点。

4. 合同当事人对合同成立地点有特别约定的，其约定的地点为合同成立的地点。

四、缔约过失责任

在合同订立过程中，一方因违背其依据的诚实信用原则所产生的义务，而致使另一方的信赖利益损失，应承担损害赔偿的一种责任。

课堂案例 3-12

甲公司与乙工厂洽谈成立一个新公司，双方草签了合同。甲公司需将合同带回本部，加盖公章。临行前，甲公司法定代表人提出，乙工厂需先征用土地并培训工人后，甲公司方能在合同上盖章。乙工厂遂出资 1000 万元征用土地培训工人。征地和培训工人即将完成时，甲公司提出因市场行情变化，无力出资设立新公司，要求中止与乙工厂的合作，乙工厂遂起诉到法院。

请问：

1. 甲公司和乙工厂之间的合同是否成立？

_____

_____

2. 甲公司是否需要对乙工厂承担赔偿责任？

_____

_____

3. 请说明理由。

_____

_____

😊 **学习感悟**

通过本节课的学习，我了解了 _____，
学会了 _____，
我印象最深的是 _____。

📖 **实例应用**

1. 北京碧溪公司与上海浦东公司订立了一份书面合同，碧溪公司先签字、盖章，然后再邮寄给浦东公司签字、盖章。该合同于何时成立？（   ）

   A. 自碧溪公司与浦东公司口头协商一致并签订备忘录时成立

   B. 自碧溪公司签字、盖章时成立

   C. 自碧溪公司将签字、盖章的合同交付邮寄时成立

   D. 自浦东公司签字、盖章时成立

2. 甲、乙两公司拟签订一份书面买卖合同，甲公司签字盖章后尚未将书面合同邮寄给乙公司时，即接到乙公司按照合同约定发来的货物，甲公司经清点后将该批货物入库。次日将签字盖章后的书面合同发给乙公司。乙公司收到后，即在合同上签字盖章。根据《合同法》的规定，该买卖合同的成立时间是（   ）。

   A. 甲公司签字盖章时

   B. 乙公司签字盖章时

   C. 甲公司接受乙公司发来的货物时

   D. 甲公司将签字盖章后的合同发给乙公司时

3. 乙公司将其所拥有的一块土地的使用权转让给甲公司，甲公司支付了转让费。不久，乙公司就同一块土地又与丙公司签订了土地使用权转让合同，并协助丙公司办理了土地使用权过户登记手续。现甲公司和丙公司对土地使用权归属发生争议，双方诉至法院。

   请问：

   （1）乙公司和甲公司、丙公司之间的合同效力应分别如何认定？

   （2）法院应如何判决此案？

（3）请说明理由。

第四节　无效合同、可撤销或
可变更合同及效力待定合同

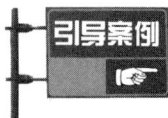

引导案例

公民甲与房地产开发商乙曾签订一份商品房买卖合同。当时为少交契税，乙建议将部分购房款算做装修费用，甲未表示反对。后发生纠纷，甲以所付装修费用远远高于装修标准为由，请求法院对装修费用予以变更。

案例讨论

1. 该装修费用条款是否有效？

------

2. 为什么？

技能提示

按法律约束力的不同，合同可分四大类：有效合同、无效合同、可变更或可撤销合同及效力待定合同。

一、有效合同

有效合同是指符合法律规定，所签订的条款对当事人各方具有法律约束力，并受国家法律强制力保护的合同。

二、无效合同

无效合同是指合同虽然成立，但因其违反法律、行政法规、社会公共利益而从订立时起就无效的合同。

（一）无效合同的情形

我国《合同法》第五十二条规定，有下列情形之一的，合同无效：

1. 一方以欺诈、胁迫的手段订立合同，损害国家利益；

2. 恶意串通，损害国家、集体或者第三人利益；

3. 以合法形式掩盖非法目的；

4. 损害社会公共利益；

5. 违反法律、行政法规的强制性规定。

（二）免责条款无效的情形

我国《合同法》第五十三条规定，合同中的下列免责条款无效：

1. 造成对方人身伤害的；

2. 因故意或者重大过失造成对方财产损失的。

课堂案例 3-13

飞跃公司开发某杀毒软件，在安装程序中做了"本软件可能存在风险，继续安装视为同意自己承担一切风险"的声明。黄某购买正版软件，安装时同意了该声明。该软件误将操作系统视为病毒而删除，导致黄某电脑瘫痪并丢失其所有的文件。

请问：

1. 本案中的声明条款是否有法律效力？

----

2. 为什么？

三、可变更或可撤销合同

可变更或可撤销的合同是基于法定原因，当事人有权诉请法院或仲裁机构予以变更或撤销的合同。

我国《合同法》第五十四条规定，下列合同，当事人一方有权请求人民法院或者仲裁机构变更或者撤销：

1. 因重大误解订立的；

2. 在订立合同时显失公平的。

一方以欺诈、胁迫的手段或者乘人之危，使对方在违背真实意思的情况下订立的合同，受损害方有权请求人民法院或者仲裁机构变更或者撤销。

当事人请求变更的，人民法院或者仲裁机构不得撤销。

课堂案例 3-14

某单位领导甲欲将一套住房以50万元出售。某报记者乙找到甲，出价40万元，甲拒绝。乙对甲说："我有你贪污的材料，不答应我就举报你。"甲信以为真，以40万元将该房卖与乙。乙实际并无甲贪污的材料。

请问：

1. 本案中订立的合同效力如何认定？

2. 为什么？

四、效力待定合同

效力待定合同是指已经成立但是不完全具备法律所要求的效力要件，其效力是否发生还有待进一步确定的合同。

《合同法》将效力待定合同规定为三类：一是限制民事行为能力人订立的合同；二是无权代理人以本人名义订立的合同；三是无处分权人处分他人财产而订立的合同。

课堂案例 3-15

甲因出国留学，将自家一幅名人字画委托好友乙保管。在此期间乙一直将该字画挂在自己家中欣赏，来他家的人也以为这幅字画是乙的。后来乙因做生意急需钱，便将该幅字画以3万元价格卖给不知情的丙。甲回国后，发现自己的字画在丙家中。

请问：

1. 本案中乙与丙之间的买卖合同效力如何认定？

2. 请说明理由。

学习感悟

通过本节课的学习，我了解了 _____，

学会了 _____，

我印象最深的是 _____。

实例应用

1. 依我国法律，当事人对下列哪一种合同可以请求人民法院或仲裁机构变更或撤销？（　　）

   A. 因重大误解订立的合同

   B. 包含因重大过失造成对方财产损失的免责条款的合同

   C. 因欺诈而订立且损害国家利益的合同

   D. 无权代理订立的合同

2. 甲将其电脑借给乙使用，乙却将该电脑卖给丙。依据我国《合同法》的规定，下列关于乙丙之间买卖电脑的合同效力的表述正确的是（　　）。

   A. 合同无效　　　　　　　　　B. 合同有效

   C. 合同效力待定　　　　　　　D. 合同得变更或撤销

3. 某手表厂为纪念千禧年特制纪念手表两千只，每只售价 2 万元。其广告宣传主要内容为：（1）纪念表为金表；（2）纪念表镶有进口钻石。后经证实，该纪念表为镀金表；进口钻石为进口人造钻石，每粒价格为 1 元。手表成本约 1000 元。为此，购买者与该手表发生纠纷。该纠纷应如何处理？（　　）

   A. 按无效合同处理，理由为欺诈

   B. 按可撤销合同处理，理由为欺诈

C. 按可撤销合同处理，理由为重大误解

D. 按有效合同处理

4. 根据我国合同法的规定，下列合同属于无效合同的是（　　）。

A. 一方以欺诈、胁迫的手段订立的合同

B. 恶意串通、损害国家、集体或者第三人的利益而订立的合同

C. 以合法形式掩盖非法目的的合同

D. 损害社会公共利益的合同

5. 房地产开发企业甲急欲销售其开发的某住宅区的最后 1 套别墅，遂打电话向乙、丙、丁发出售房要约，并声明该要约的有效期为 1 个月。要约发出后第 10 日，甲与乙签订买卖合同并交付了该别墅，乙支付了全部房款，但未办理产权变更登记。第 21 日，甲与不知情的丙签订买卖合同并办理了产权变更登记。第 25 日，甲又与不知情的丁签订了买卖合同。第 26 日，该别墅被意外焚毁。

请问：

（1）甲、乙之间买卖合同的效力如何？

（2）甲、丙之间买卖合同的效力如何？

（3）甲、丁之间买卖合同的效力如何？

知识链接

效力待定合同与可撤销合同、无效合同的区别

1. 效力待定合同与可撤销合同的区别

可撤销合同是指已成立的合同，因合同当事人意思表示不真实，允许合同当事人撤销该合同，使已成立生效的合同溯及既往地归于无效的合同。效力待定合同与可撤销合同都属于相对无效合同，它们在合同效力方面的欠缺要件往往只涉及合同当事人及合同有关人员的利益，一般不涉及国家利益和社会公共利益。两者的主要区别如下：

（1）合同有效要件欠缺的性质不同

可撤销的合同一般只是欠缺"意思表示真实"的合同生效要件或严重违反公平原则如欺诈、胁迫、乘人之危、重大误解、显失公平等。而效力待定合同欠缺的是合同当事人主体能力方面的合同有效要件，如无行为能力，无代理权、无处分权等。

（2）效力状态不同

效力待定合同处于效力待定状态，既非无效，也非有效。其有效还是无效取决于第三人或善意合同相对人是否追认或撤销。而可撤销合同在合同当事人行使撤销权并经法定机关确认无效之前，仍是有效合同；但当合同当事人行使撤销权并经法定机关确认无效后，为自始无效合同。

（3）有权主张并影响效力变化的当事人不同

效力待定合同可由法定的第三人追认或拒绝追认，或由合同的善意相对人撤销，此追认或撤销直接向合同当事人进行，无须向法院或仲裁机关请求；而可撤销合同只能由受损害的合同方向法院或仲裁机关请求撤销，不能直接向合同另一方当事人要求。

（4）受时间限制不同

效力待定合同，第三人应在法律规定的催告追认期间内（我国《合同法》规定为1个月）做出追认或拒绝追认的意思表示；而可撤销合同，当事人须自知道或应当知道撤销事由之日起1年内行使撤销权，否则失去该权利。

2. 效力待定合同与无效合同的区别

效力待定的合同与无效合同的区别主要表现在：效力待定的合同虽欠缺法律关于合同的生效要件，但经过权利人的追认可以生效，在追认之前，合同的效力处于待定状态。效力待定不仅保护权利人的利益，而且兼顾了相对人的利益。而无效合同因其具有违法性，所以是自始无效的，不能经过任何人的追认而生效，无效合同不因当事人的追认而发生法律效力是它与效力待定合同的基本区别。其现实意义为：从鼓励交易、保证交易安全的原则出发，对于一些合同不能随便宣布无效，而应当注意保护善意相对人的权利和被代理人的追认权，采取补救的办法，尽量使其成就生效的条件。而无效合同是违反法律和行政法规的强行性规定或损害国家利益和社会公共利益，因此自始、确定、当然的绝对无效合同。它们之间的区别在于：

（1）欠缺有效要件的性质不同

无效合同欠缺的是合同的根本有效要件（即合同内容的合法性），它往往涉及国家利益，社会公共利益；效力待定合同欠缺的是合同的非根本有效要件，即合同当事人权利能力和行为能力方面的欠缺，一般不涉及国家利益和社会公共利益。

（2）效力状态不同

效力待定合同的效力处于待定的相对无效状态，有效与无效取决于第三人的追认或善意相对人的撤销，而无效合同处于自始、确定、当然的绝对无效状态，所谓确定无效是指无效状态不可改变，无法补救，所谓自始无效是指合同一经成立就无效，所谓当然无效是指无须任何人主张，也无须法院和仲裁机关宣告就无效。

（3）有权主张并影响效力变化的当事人不同

效力待定合同法定的第三人追认或拒绝追认及善意相对人的撤销，使得合同有效或无效；而无效合同当然无效，无须当事人主张就本来无效，且当事人和利害关系人都可向法院或仲裁机关请求确认合同无效的事实，法院和仲裁机关还可主动确认合同无效的事实。

（4）受时间限制不同

效力待定合同，法定第三人的追认或拒绝追认应在法定的催告期间（1个月）内行使；而无效合同的确认不受时间限制，只要合同存在无效的情形。

（引自法律图书馆 http：// www. law-lib. com/）

第五节　合同的履行和担保

引导案例

甲公司与乙公司签订一份陶瓷买卖合同。合同约定，甲公司销售给乙公司陶瓷一批，价值200万元，分五批供货，每批陶瓷货款价值40万元。合同同时对陶瓷质量、数量、履行期限、地点与方式做出了明确约定，但只简单约定货款由第三人丙公司代为给付（丙当时实欠乙公司货款200万元）。甲、乙、丙公司都在合同上签字盖章。此后，甲公司按约定交付了前三批货物陶瓷，价款计120万元，但丙公司却在支付80万元货款后就被破产清算了。于是，甲公司就通知乙公司清偿货款40万元，而乙公司以债务已移转为由予以拒绝，甲公司就以乙公司违约为由停止了继续供应陶瓷，并以第三人丙公司不履行债务为由诉请法院判令乙公司清偿货款40万元，乙公司则以债务已转移提出抗辩，并以甲公司违约为由提起反诉。

案例讨论

1. 本案涉及合同履行中的哪项内容？

------

2. 本案中乙公司的抗辩理由能否成立?

------

3. 甲公司的40万元货款应由谁来支付?

------

4. 请说明理由。

技能提示

一、合同履行的含义

合同的履行，是指合同生效后，双方当事人按照合同约定和法律的规定，完成各自承担的义务和实现各自享有的权利，使双方当事人订立合同的目的得以实现的行为。依法成立的合同对当事人具有约束力，当事人应当按照合同的约定和法律的规定全面履行各自的义务。

二、合同履行的原则

(一) 适当履行原则

适当履行原则是指当事人应依合同约定的标的、质量、数量，由适当主体在适当的期限、地点，以适当的方式，全面完成合同义务的原则。

(二) 协作履行原则

协作履行原则是指在合同履行过程中，双方当事人应互助合作共同完成合同义务的原则。如"通知义务"、"减损义务"就是这一原则的具体体现。

(三) 经济合理原则

经济合理原则是指在合同履行过程中，应讲求经济效益，以最少的成本取得最佳的合同效益。如《纺织品、针织品、服装购销合同暂行办法》规定，供需双方应商定选择最快、最合理的运输方法。

（四）情势变更原则

合同有效成立以后，若非因双方当事人的原因而构成合同基础的情势发生重大变更，致使继续履行合同将导致显失公平，则当事人可以请求变更和解除合同。

三、合同履行的内容及规则

合同依法生效后，债务人应按以下内容及规则履行其合同义务：

（一）履行主体

合同履行主体不仅包括债务人，也包括债权人。除法律规定、当事人约定、性质上必须由债务人本人履行的债务以外，履行也可以由债务人的代理人进行，但是代理只有在履行行为是法律行为时方可适用。在某些情况下，合同也可以由第三人代替履行，只要不违反法律的规定或者当事人的约定，或者符合合同的性质，第三人也是正确的履行主体。不过，由第三人代替履行时，该第三人并不取得合同当事人的地位，第三人仅仅只是居于债务人的履行辅助人的地位。

（二）履行标的

合同的标的是合同债务人必须实施的特定行为，是合同的核心内容，是合同当事人订立合同的目的所在。合同标的的质量和数量是衡量合同标的的基本指标，因此，按照合同标的履行合同，在标的的质量和数量上必须严格按照合同的约定履行。如果合同对标的的质量没有约定或者约定不明确的，当事人可以补充协议；协议不成的，按照合同的条款和交易习惯来确定；如果仍然无法确定的，按照国家标准、行业标准履行；没有国家标准、行业标准的，按照通常标准或者符合合同目的的特定标准履行。在标的数量上，全面履行原则的基本要求便是全部履行，而不应当部分履行，但是在不损害债权人利益的前提下，也允许部分履行。

（三）履行期限

合同履行期限是指债务人履行合同义务和债权人接受履行行为的时间。作为合同的主要条款，合同的履行期限一般应当在合同中予以约定，当事人应当在该履行期限内履行债务。如果当事人不在该履行期限内履行，则可能构成迟延履行而应当承担违约责任。履行期限不明确的，根据《合同法》第六十一条的规定，双方当事人可以另行协议补充，如果协议补充不成的，应当根据合同的有关条款和交易习惯来确定。如果还无法确定的，债务人可以随时履行，债权人也可以随时要求履行，但应当给对方必要的准备时间。这也是合同履行原则中诚实信用原则的体现。不按履行期限履行，有两种情形：迟延履行和提前履行。在履行期限届满后履行合同为迟延履行，当事人应当承担迟延履行责任，此为违约责任的一种形态；在履行期限届满之前所为之履行为提前履行，提前履行不一定构成不适当履行。

（四）履行地点

履行地点是债务人履行债务、债权人受领给付的地点，履行地点直接关系到履行的费用和时间。在国际经济交往中，履行地点往往是纠纷发生以后用来确定适用的法律的根据。如果合同中明确约定了履行地点的，债务人就应当在该地点向债权人履行债务，债权人应当在该履行地点接受债务人的履行行为。如果合同约定不明确的，依据《合同法》的规定，双方当事人可以协议补充，如果不能达成补充协议的，则按照合同有关条款或者交易习惯确定。如果履行地点仍然无法确定的，则根据标的的不同情况确定不同的履行地点。如果合同约定给付货币的，在接受货币一方所在地履行；如果交付不动产的，在不动产所在地履行；其他标的，在履行义务一方所在地履行。

（五）履行方式

履行方式是合同双方当事人约定以何种形式来履行义务。合同的履行方式主要包括运输方式、交货方式、结算方式等。履行方式由法律或者合同约定或者是合同性质来确定，不同性质、内容的合同有不同的履行方式。根据合同履行的基本要求，在履行方式上，履行义务人必须首先按照合同约定的方式进行履行。如果约定不明确的，当事人可以协议补充；协议不成的，可以根据合同的有关条款和交易习惯来确定；如果仍然无法确定的，按照有利于实现合同目的的方式履行。

（六）履行费用

履行费用是指债务人履行合同所支出的费用。如果合同中约定了履行费用，则当事人应当按照合同的约定负担费用。如果合同没有约定履行费用或者约定不明确的，则按照合同的有关条款或者交易习惯确定；如果仍然无法确定的，则由履行义务一方负担。因债权人变更住所或者其他行为而导致履行费用增加时，增加的费用由债权人承担。

四、合同履行抗辩权

抗辩权是指能够阻止请求权效力的权利，或者说是对抗对方权利的权利。我国《合同法》中的合同履行抗辩权包括同时履行抗辩权、先履行抗辩权和不安抗辩权。

（一）同时履行抗辩权

同时履行抗辩权，是指双务合同的当事人一方，在对方未为对等给付前，有拒绝自己给付的权利。例如在国际贸易实务中的 D/P 付款方式下，卖方的交单和买方的付款是同时进行的，此时双方均可行使同时履行抗辩权。

（二）先履行抗辩权

先履行抗辩权是指当事人互负债务，有先后履行顺序的，先履行一方未履行之前，后履行一方可以拒绝其履行请求，先履行一方履行债务不符合约定的，后履行一方可以拒绝其相应的履行要求的权利。例如，在国际贸易实务中，如果采用信用证付款方式，若买方不按时开证，卖方可不按时发货。这时，卖方不仅无须承担延迟交货的责任，还可追究买方延迟开证的责任。

（三）不安抗辩权

不安抗辩权是指当事人互负债务，有先后履行顺序的，先履行的一方有确切证据表明另一方丧失履行债务能力时，在对方没有履行或者没有提供担保之前，有权中止合同履行的权利。例如，在采用 D/P 付款方式下，卖方若有证据显示买方已丧失清偿能力，可暂时不发货。

五、合同履行的担保

（一）合同履行的担保的含义

合同履行的担保是指合同当事人依据法律规定或双方约定，由债务人或第三人向债权人提供的以确保债权实现和债务履行为目的的措施。

合同担保的目的是为了促进资金融通和商品流通，保障债权的实现。

（二）合同担保的方式

我国《担保法》规定，在借贷、买卖、货物运输、加工承揽等经济活动中，债权人需要以担保方式保障其债权实现的，可以依照本法规定设定担保。我国《担保法》第二条规定，担保方式有保证、抵押、质押、留置和定金。其中保证属于人的担保，抵押、质押和留置属于物的担保，定金属于金钱担保。

1. 保证

（1）保证的含义

保证是指第三人和债权人约定，当债务人不履行其债务时，该第三人按照约定或法律规定承担责任的担保方式。

（2）保证的方式

保证分为一般保证和连带责任保证两种方式。当事人对保证方式没有约定或者约定不明确的，按照连带责任保证承担保证责任。

一般保证是指当事人在保证合同中约定，债务人不能履行债务时，由保证人承担保证责任的保证。

连带责任保证是指当事人在保证合同中约定保证人与债务人对债务承担连带责任的保证。

这两种保证方式最大的区别在于保证人是否享有先诉抗辩权。在一般保证情况下，保证人享有先诉抗辩权，即"一般保证的保证人在主合同纠纷未经审判或者仲裁，并就债务人财产依法强制执行仍不能履行债务前，对债权人可以拒绝承担保证责任"。而在连带责任保证的情况下，保证人不享有先诉抗辩权，即"连带责任保证的债务人在主合同规定的债务履行期届满没有履行债务的，债权人可以要求债务人履行债务，也可以要求保证人在其保证范围内承担保证责任"。

课堂案例 3－16

　　甲企业与乙银行签订借款合同，借款金额为 10 万元人民币，借款期限为 1 年，由丙企业作为借款保证人。合同签订 3 个月后，甲企业因扩大生产规模急需资金，遂与乙银行协商，将贷款金额增加到 15 万元，甲和银行未通知丙企业，后甲企业到期不能偿还债务。

　　请问：

　　1. 本案中的担保方式是什么？

　　--

　　--

　　2. 丙企业是否有责任为甲企业偿还 15 万元的银行贷款？

　　--

　　--

　　3. 请说明理由。

　　--

　　--

　　2. 抵押

　　（1）抵押权

　　抵押权是债权人（抵押权人）对于债务人或第三人（抵押人）不转移占有供担保的不动产及其他财产，优先清偿其债权的权利。在实际业务中，不动产主要是指房地产，其他财产主要是指机器设备。

　　（2）抵押物

　　抵押物包括不动产和动产。设立抵押权必须由抵押人和抵押权人订立书面抵押合同，以土地使用权、建筑物、林木、航空器、船舶、车辆、企业的设备和其他动产抵押的，应当办理抵押物登记，抵押合同自登记之日起生效；以上述以外的财产抵押的，可以自愿办理抵押物登记，抵押合同自签订之日起生效。当事人未办理抵押物登记的，不得对抗第三人。

课堂案例 3-17

甲将设备作为抵押物抵押给乙银行，从而从银行处取得了贷款。此后，甲又将这套没有抵押权（已办理登记手续）的设备出售并交付给丙。丙在不知情的情况下购买了设备。但是，由于甲未能按时偿还银行贷款，乙银行于是向丙主张在丙收取的设备上所享有的抵押权。

请问：

1. 乙银行的主张能否得到法院的支持？

----

2. 为什么？

----

3. 质押

（1）质押的含义

质押也称为"质权"，是指为了担保债权的履行，债务人或第三人（出质人）将其动产或权利移交债权人（质权人）占有，当债务人不履行债务时，债权人有就其占有的财产优先受偿的权利。质押包括动产质押和权利质押。

（2）质押合同的形式及性质

设立质押权必须由出质人和质权人订立书面质押合同，质押合同是实践性合同，自质物移交于质权人占有时生效。质权人负有妥善保管质物的义务。因保管不善致使质物灭失或者毁损的，质权人应当承担民事责任。

课堂案例 3-18

自然人甲与自然人乙是好友，甲因扩大店面急需资金向乙借款 10 万元，乙要求甲提供担保，甲将自己的奥迪车出质给乙，乙因自己不会开车，要求甲将该车开回。后甲向自然人丙借款 10 万元，又将该车出质给丙。丙对该车进行了占有。该奥迪车的价值为 50 万元。在丙占有期间，因丁向丙租用该车，丙未经甲同意，即与丁签订了租赁合同。丁因违章驾驶造成该车灭失，为此引起纠纷。

请问：

1. 甲乙之间的质押合同是否生效？为什么？

---

2. 甲丙之间存在何种法律关系？为什么？

---

3. 甲可就该车损失向谁主张权利？为什么？

---

4. 留置

（1）留置的含义

留置权是指债权人按照合同约定占有债务人的财产，在债务人逾期不履行债务时，有留置该财产优先受偿的权利。

（2）留置适用的合同

我国《担保法》规定，因保管合同、运输合同、加工承揽合同发生的债权，债务人不履行债务的，债权人有留置权。

课堂案例 3－19

甲公司采用 FOB 条件与乙公司订立一份进口合同。事后，甲公司与丙运输公司订立了运输合同，约定的运费支付方式为"到付"。货物运抵目的地后，因超期报关，被海关依法变卖。

请问：

1. 丙运输公司对该批货物拥有什么权利？

---

2. 甲欠丙的运费如何支付？

---

5. 定金

（1）定金的含义

定金是指合同当事人为了确保合同的履行，依照法律规定或者当事人双方的约定，由一方当事人预先向对方交付的一定款项。

（2）定金的数额

定金的数额由当事人约定，但不得超过主合同标的额的20%。当事人约定的定金数额超过主合同标的额20%的，超过的部分，人民法院不予支持。

（3）定金合同的形式及性质

定金应当以书面形式约定。当事人在定金合同中应当约定交付定金的期限，定金合同从实际交付定金之日起生效。

（4）定金的性质

①定金具有预付款性。债务人履行债务后，定金应当抵作价款。

②定金具有惩罚性。包括三项内容：第一，给付定金的一方不履行约定的债务的，无权要求返还定金；第二，收受定金的一方不履行约定的债务的，应当双倍返还定金；第三，支付定金后，仍须支付赔偿金。

课堂案例3-20

甲向乙订购15万元货物，双方约定："乙收到甲的5万元定金后，即应交付全部货物。"合同订立后，乙在约定时间内只收到甲的2万元定金。乙收到甲的2万元定金后未履行交货义务，给甲造成6万元的损失。

请问：

1. 本案中应如何适用定金罚则？

_____

_____

2. 乙共应赔偿甲多少损失？

_____

_____

学习感悟

通过本节课的学习，我了解了 _____，

学会了 _____，

我印象最深的是 _____。

🗂 **实例应用**

1. 《合同法》规定，当事人一方违约后，对方应当采取适当措施防止损失的扩大；没有采取适当措施致使损失扩大的，不得就扩大的损失要求赔偿。该规定体现了合同履行的哪项原则？（　　）

　　A. 适当履行　　　　B. 协作履行　　　　C. 经济合理　　　　D. 情势变更

2. 履行费用的负担不明确时，由哪一方承担？（　　）

　　A. 由接受履行方承担　　　　　　　B. 由履行义务方承担

　　C. 由双方平均分摊　　　　　　　　D. 由双方按比例分摊方承担

3. 当事人若对质量、价款等内容没有约定或约定不明确，则（　　）。

　　A. 合同不成立

　　B. 合同成立，当事人对此可协议补充

　　C. 合同成立，对该部分内容，若法律有规定，一般应依规定

　　D. 合同成立，若当事人无法达成协议，可依交易习惯确定

4. 甲与乙订立了一份合同，约定甲供给乙狐皮围脖 200 条，总价 6 万元，但合同未规定狐皮围脖的质量标准和等级，也未封存样品。甲如期发货，乙验收后支付了贷款。后乙因有 20 条围脖未能销出，便以产品质量不合格为由，向法院起诉，其诉讼代理人在审理过程中又主张合同无效。本案中，下列哪一表述是正确的？（　　）

　　A. 合同不具备质量条款，合同未成立

　　B. 合同不具备质量条款，合同无效

　　C. 合同有效，但甲应承担违约责任

　　D. 合同有效，甲不应承担违约责任

5. 下列哪一项不是发生在双务合同中特有的抗辩权？（　　）

　　A. 不安抗辩权　　　　　　　　　　B. 同时履行抗辩权

　　C. 先诉抗辩权　　　　　　　　　　D. 先履行抗辩权

6. 甲企业与乙企业订立一份买卖合同，双方约定由甲企业向乙企业提供一批生产用原材料，总货款为 50 万元，货到付款，甲企业最迟于 6 月底之前发货。5 月份，甲企业在报纸上得知乙企业为逃避债务，私自转移财产，被法院依法查封并扣押财产的消息，并通知了乙企业，为此，甲企业未向乙企业按时供货，甲企业的行为属于（　　）。

　　A. 行使先履行抗辩权，中止合同履行

B. 行使不安抗辩权，中止合同履行

C. 与乙企业解除合同关系

D. 甲企业已构成违约，应承担违约责任

7. 甲与乙签订一份买卖合同，双方约定，甲提供一批货物给乙，货到后一个月内付款。合同签订后甲迟迟没有发货，乙催问甲，甲称由于资金紧张，暂无法购买生产该批货物的原材料，要求乙先付货款，乙拒绝了甲的要求。乙拒绝先付货款的行为在法律上称为（　　）。

A. 行使先履行抗辩　　　　　　B. 行使后履行抗辩权

C. 行使同时履行抗辩权　　　　D. 行使撤销权

8. 甲与乙订立买卖合同，约定乙先向甲发货，甲后付款。一周后，乙在交货前有确切证据表明甲经营状况严重恶化。乙得知该情况后，采取下列措施中，符合合同法律制度的规定的有（　　）。

A. 可以提出中止履行合同并及时通知甲

B. 可以要求甲提供适当担保

C. 乙可以直接通知甲解除合同

D. 中止履行合同后，若甲在合理期限内未恢复履行能力且未提供适当担保，乙可以解除合同

9. 借款合同不能采用的担保方式有（　　）。

A. 违约金　　　　B. 定金　　　　C. 保证　　　　D. 质押

10. 某买卖合同的总金额为 20 万元，约定的定金为 6 万元，接受定金的一方若不履行合同，则必须返还对方多少元？（　　）

A. 6 万元　　　　B. 8 万元　　　　C. 10 万元　　　　D. 12 万元

11. 中国甲公司因转产致使一套生产设备闲置，价值 4000 万元。2013 年 8 月 1 日，该公司总经理邓某与日本乙公司签订了关于该设备的转让合同。合同约定，生产设备作价 3900 万元，中国甲公司于 2013 年 9 月 4 日前交货，乙公司在收到货物后 8 日内支付全部货款。8 月 28 日邓某发现乙公司由于投资项目失误，致使该公司经营状况严重恶化。于是便通知乙公司暂停交货，并要求乙公司提供担保，否则将终止合同。此一要求又被断然拒绝。9 月 15 日邓某发现日本乙公司处境更加困难，几近破产，于是提出解除合同，并要求日本乙公司赔偿因合同所遭受的损失。乙公司不同意，向中国甲公司所在地的人民法院以甲公司违约为由提起诉讼。

请问：

（1）8月28日，甲公司可否暂停交货？

（2）8月28日，甲公司可否解除合同并要求赔偿？为什么？

（3）如果地方法院查明9月3日后乙公司并不存在经营状况严重恶化的情况，则甲公司是否应当赔偿乙公司因此所遭受的损失？

（4）若合同没有约定哪一方先履行，则中国甲公司能否拒绝先为履行？

📖 知识链接

合同诈骗的几种情况

1. 伪造证件。行骗者伪造单位、伪造营业执照及各种许可证等，利用伪造证明签订合同骗取钱财。

2. 设饵钓鱼。以紧俏物品为诱饵抓住对方急于发财的心理，许以高利，签订合同侵吞对方预付货款。

3. 利用联营骗取投资。以联营为名，打着优势互补、共同盈利的幌子，取得对方信任，签订联营合同，骗取对方投资款。

4. 欲擒故纵先予后取。以预付货款或给付定金为诱饵，给对方一定甜头，打消对方顾虑，达到骗取对方大量钱财的目的。

5. 恶意串通合演双簧。两个以上的单位和个人，事先串通，一买一卖，制造商品紧俏气氛，以此推销劣质或滞销商品，骗取货款。

6. 假痴不癫顺手牵羊。以滞销和积压商品为目标，抓住对方急于推销滞销和积压商品的心理，签订购销合同，顺手取之。

7. 偷梁换柱从中牟利。通过签订合同，骗取对方货物，然后将所骗货物处理，以自己的劣质产品顶款，从中牟取暴利。

8. 金蝉脱壳人去楼空。诈骗者先以种种优惠条件打动对方，签订巨额合同，一旦货物到手，随即藏匿或外逃。

9. 移花接木指山卖磨。自己没货，而把需方领到码头、货场或仓库，把他人之货说成自己的货，骗取对方信任，签订合同，诈骗对方的货款。

10. 以小充大狐假虎威。牌子大，资金少；假集体，真个体。以大牌欺骗对方，签订合同，谋取不义之财。

11. 以假乱真假戏真唱。双方当事人为规避法律，签订假标的合同。一方假戏真唱，借机推销劣质或滞销商品，骗取对方货款，而被骗方只得自认倒霉。

12. 招摇过市以势欺人。诈骗者用董事长、总经理等显赫身份，以豪华办公场所等表面形式，博得对方信任，签订合同，谋取财物。

13. 浑水摸鱼乱中取之。这类诈骗手法往往是借订货会、展览会、博览会等时机，利用会议期间人员复杂、时间仓促、不易审查的特点，签订合同，骗取财物。

14. 抛砖引玉沆瀣一气。诈骗者以贿赂或女色打通关节，买通有关人员和领导，里应外合，狼狈为奸，损公肥私。

15. 掩人耳目盗名欺世。盗用他人公章、合同纸、有关证明凭证，以他人名义，签订合同，进行诈骗。

16. 明火执仗强取豪夺。诈骗者通过签订合同，诱使对方送货，一旦货到需方，则以暴力相威胁，抢劫财物，手段极其恶劣。

17. 非法转让坐收渔利。这类诈骗往往发生在建筑工程承包合同中，其特点是一方利用种种手段，将工程承揽到手，然后，转手倒卖，从中牟取暴利。

18. 设置陷阱守株待兔。往往是以高利润为诱饵，签订加工承揽合同，合同中设置陷阱，造成对方违约，骗取保证金、抵押金、中介费等。

19. 上房抽梯环环相连。以转让专利、高新技术为名，打着包技术、包设备、包培训、包回收、包利润的幌子，引诱对方签订"五包"合同，连续骗取对方转让费、中介费、培训费、设备费等。

20. 引狼入室祸及自己。这类诈骗往往发生在涉外合同中，中方企业考察不慎，盲目签订合同，外方诈骗者则采用种种手段，设置骗局，诱惑中方企业上钩，诈骗钱财。

（引自百度百科 http://www.baidu.com/）

第六节 违约责任

甲油料厂与乙农产品销售公司订立一份农副产品供销合同，双方约定由乙公司在 1 个月内向甲油料厂供应黄豆 30 公吨，每公吨单价 1000 元。在合同履行期间，丙公司找到乙公司表示愿意以每公吨 1500 元的单价购买 20 公吨黄豆，乙公司见其出价高，就将 20 公吨本来准备运给甲油料厂的黄豆卖给了丙公司，致使只能供应 10 公吨黄豆给甲油料厂。甲油料厂要求乙公司按照合同的约定供应剩余的 20 公吨黄豆，乙公司表示无法按照原合同的条件供货，并要求解除合同。甲油料厂不同意，坚持要求乙公司履行合同。

案例讨论

1. 甲油料厂的要求是否有法律依据？

----

2. 在合同没有明确约定的情况下，甲油料厂如果要求乙公司继续履行合同有无法律依据？

----

3. 乙公司能否只赔偿损失或者只支付违约金而不继续履行合同？

技能提示

一、违约

（一）违约的含义

违约（breach of contract）即违反合同的约定。指合同一方当事人由于某种原因，完全没有履行其合同义务或没有完全履行其合同义务的行为。

（二）违约行为的类型

根据不同标准，可将违约行为做以下分类：

1. 按照违约主体的不同，分单方违约与双方违约

单方违约，是指一方当事人违反了自己的合同义务。

双方违约，是指双方当事人分别违反了自己的合同义务。《合同法》第一百二十条规定：当事人双方都违反合同的，应当各自承担相应的责任。可见，在双方违约情况下，双方的违约责任不能相互抵销。

2. 按照违约行为是否完全违背缔约目的，分根本违约与非根本违约

根本违约是指当事人一方完全不履行合同义务或不完全履行合同主要义务或预期违约致使履行不能，其结果严重影响到另一方根据合同有权期待的经济利益的情形。我国《合同法》所称的不能实现合同目的，即为根本违约。非根本违约是指违约的状况尚未达到根本违反合同的程度。

发生根本违约时，受损方有权提出解除合同并要求损害赔偿；而发生非根本违约时，受损方只能要求损害赔偿。

课堂案例 3 – 21

中国某公司向科威特出口冻北京鸭二百箱。合同规定，屠宰鸭要按伊斯兰教的用刀方法。货到科威特后，冻鸭外体完整，颈部无任何刀痕。进口当局认为违反伊斯兰教的用刀方法，因此科威特的进口商拒绝收货，并要求中国公司退回货款。

请问：

1. 进口商有无拒收货物和要求退回货款的权利？

----

2. 为什么？

---

3. 按照违约时间的不同，分实际违约和预期违约

实际违约是指在履行期限到来以后，当事人不履行或不完全履行合同义务。

预期违约也称先期违约，指在履行期限到来之前，一方明确表示或以其行为表示其在履行期到来后将不履行合同。预期违约又可分明示预期违约和默示预期违约。

课堂案例 3－22

某合同规定，卖方应于 12 月 1 日以前交付机床 100 台，共值 50000 美元。7 月 1 日卖方来电说："因机床价格上涨，全年供不应求，除非买方同意支付 60000 美元，否则将不交付这 100 台机床。"但买方收到电报后表示反对，坚持要求按合同规定价格交货。买方曾于 7 月 1 日向另一家供应商询价，拟寻求替代物，新供应商可在 12 月 1 日交货，但要求支付 56000 美元，买方当时未立即补进货物，到 12 月 1 日买方才以时价 61000 美元向另一家补进 100 台机床。

请问：

1. 买方是否有权在 7 月 1 日提出解除合同？

----

2. 买方可向卖方索赔多少钱？

（三）违约的表现形态

1. 履行不能

又称给付不能，是指债务人在客观上已经没有履行能力，或者法律禁止债务的履行。在以提供劳务为标的的合同中，债务人丧失工作能力，为不能履行。在以特定物为标的物的合同中，该特定物毁损灭失，构成不能履行。

2. 履行延迟

又称债务人延迟或者逾期履行，指债务人能够履行，但在履行期限届满时却未履行债务的现象。

3. 履行不当

是指债务人虽然履行了债务，但其履行不符合债务的本旨，包括标的物的品种、规格、型号、数量、质量、运输的方法、包装方法等不符合合同约定等。

4. 履行拒绝

是债务人对债权人表示不履行合同。这种表示一般为明示的，也可以是默示的。例如，债务人将应付标的物处分给第三人，即可视为拒绝履行。《合同法》第一百零八条关于当事人一方明确表示或者以自己的行为表明不履行合同义务的规定，即指此类违约行为。

5. 债权人延迟

或者称受领延迟，是指债权人对于已提供的给付，未为受领或者未为其他给付完成所必须的协助的事实。

二、违约责任

(一)违约责任的含义

违约责任,是指当事人不履行合同债务或者履行合同债务不符合约定时,依法产生的法律责任。违约责任是一种民事责任。

(二)违约责任的方式

我国《合同法》规定,违约责任包括以下几种方式:

1. 赔偿损失

当事人一方不履行合同义务或者履行合同义务不符合约定,给对方造成损失的,应当赔偿对方的损失。损失赔偿额应当相当于因违约所造成的损失,包括合同履行后可以获得的利益。

2. 中止履行合同

我国《合同法》第六十八条规定,应当先履行债务的当事人,有确切证据证明对方有下列情形之一的,可以中止履行:经营状况严重恶化;转移财产、抽逃资金,以逃避债务;丧失商业信誉;有丧失或者可能丧失履行债务能力的其他情形。

3. 支付违约金

违约金是指按照当事人的约定或者法律直接规定,一方当事人违约的,应向另一方支付的金钱。

我国《合同法》第一百一十四条规定,当事人可以约定一方违约时应当根据违约情况向对方支付一定数额的违约金,也可以约定因违约产生的损失赔偿额的计算方法。

我国《合同法》规定的违约金具有赔偿的性质。我国《合同法》第一百一十四条规定,约定的违约金低于造成的损失的,当事人可以请求人民法院或者仲裁机构予以增加;约定的违约金过分高于造成的损失的,当事人可以请求人民法院或者仲裁机构予以适当减少。

根据最高人民法院关于适用《中华人民共和国合同法》若干问题的解释(二)的规定,请求人民法院增加违约金的,增加后的违约金数额以不超过实际损失额为限。增加违约金以后,当事人又请求对方赔偿损失的,人民法院不予支持。当事人约定的违约金超过造成损失的30%的,一般可以认定为"过分高于造成的损失"。

4. 解除合同

我国《合同法》第九十四条规定,有下列情形之一的,当事人可以解除合同:因不可抗力致使不能实现合同目的；在履行期限届满之前，当事人一方明确表示或者以自己的行为表明不履行主要债务；当事人一方迟延履行主要债务，经催告后在合理期限内仍未履行；当事人一方迟延履行债务或者有其他违约行为致使不能实现合同目的；法律规定的其他情形。

5. 继续履行

继续履行也称实际履行，我国《合同法》第一百一十条规定，当事人一方不履行非金钱债务或者履行非金钱债务不符合约定的，对方可以要求履行。第一百一十四条还规定，当事人就迟延履行约定违约金的，违约方支付违约金后，还应当履行债务。

6. 定金责任

给付定金的一方不履行约定的债务的，无权要求返还定金；收受定金的一方不履行约定的债务的，应当双倍返还定金。在适用定金罚则的基础上，违约方还需向受害方支付赔偿金。

我国《合同法》第一百一十六条规定，当事人既约定违约金，又约定定金的，一方违约时，对方可以选择适用违约金或者定金条款。

7. 其他合理的补救措施

其他合理的补救措施包括实际履行、修理、更换、重做等。

学习感悟

通过本节课的学习，我了解了 _____，
学会了 _____，
我印象最深的是 _____。

实例应用

1. 甲公司向乙公司购买一批家具，现履行期尚未开始，但乙公司明确表示因技术人员流失，该批家具无法制造，甲公司依法可采取哪些救济手段以最大限度保护自己利益？（　　　）

   A. 行使合同解除权

   B. 行使不安抗辩权

   C. 行使合同撤销权

   D. 向乙公司主张违约责任，要求赔偿损失

2. 违约行为的形态包括（　　　　）。

A. 履行不能　　　B. 履行迟延　　　C. 履行不当　　　D. 履行拒绝

3. 在合同履行期限届满一个月后才履行的在债法上被称为（　　）。

A. 履行拒绝　　　B. 履行迟延　　　C. 履行不能　　　D. 履行不当

4. 甲与乙订立了一份苹果购销合同，约定：甲向乙交付 20 万公斤苹果，货款为 40 万元，乙向甲支付定金 4 万元；如任何一方不履行合同应支付违约金 6 万元。甲因将苹果卖予丙而无法向乙交付苹果，乙提出的如下诉讼请求中，既能最大限度保护自己的利益，又能获得法院支持的诉讼请求是（　　）。

A. 请求甲双倍返还定金 8 万元

B. 请求甲双倍返还定金 8 万元，同时请求甲支付违约金 6 万元

C. 请求甲支付违约金 6 万元，同时请求返还支付的定金 4 万元

D. 请求甲支付违约金 6 万元

5. 根据《合同法》的规定，下列关于不同种类违约责任相互关系的表述中，正确的有（　　）。

A. 当事人就迟延履行约定违约金的，违约方支付违约金后，还应当履行债务

B. 当事人依法请求人民法院增加违约金后，又请求对方赔偿损失的，人民法院不予支持

C. 当事人既约定违约金，又约定定金的，一方违约时，对方可以同时适用违约金和定金条款

D. 当事人执行定金条款后不足弥补所受损害的，仍可以请求赔偿损失

6. 甲公司与乙公司于 2012 年 5 月 20 日签订了设备买卖合同，甲为买方，乙为卖方。双方约定：

（1）乙公司于 10 月 30 日前分两批向甲公司提供设备 10 套，价款总计 150 万元；

（2）甲公司向乙公司给付定金 25 万元；

（3）如一方迟延履行，应向另一方支付违约金 20 万元；

（4）由丙公司作为乙公司的保证人，在乙公司不能履行债务时，丙公司承担一般保证责任。

合同依法生效后，甲公司因故未向乙公司给付定金。

7 月 1 日，乙公司向甲公司交付了 3 套设备，甲公司支付了 45 万元货款。

9 月，该种设备价格大幅上涨，乙公司向甲公司提出变更合同，要求将剩余的 7 套设备价格提高到每套 20 万元，甲公司不同意，随后乙公司通知甲公司解除合同。

11 月 1 日，甲公司仍未收到剩余的 7 套设备，从而严重影响了其正常生产，并因此遭受了 50 万元的经济损失。于是甲公司诉至法院，要求乙公司增加违约金数额并继

续履行合同，同时要求丙公司履行一般保证责任。

请问：

（1）合同约定甲公司向乙公司给付 25 万元定金是否合法？请说明理由。

（2）乙公司通知甲公司解除合同是否合法？请说明理由。

（3）甲公司要求增加违约金数额依法能否成立？请说明理由。

（4）甲公司要求乙公司继续履行合同依法能否成立？请说明理由。

（5）丙公司在什么条件下应当履行一般保证责任？

知识链接

明示预期违约和默示预期违约的区别

二者都是发生在合同有效成立后至履行期限到来之前，侵害的同是债权人的期待权，但二者又有区别，表现在：

1. 违约构成不同

构成明示预期违约应具备：

（1）违约方明确地肯定向对方做出毁约的意思表示；

（2）明确表示在履行期限到来后不履行合同义务；

（3）表示将不履行合同的主要义务；

（4）毁约无正当理由。

构成默示预期违约应具备：

（1）一方预见到另一方在合同履行期限到来时将不履行或不能履行合同，有两种情况，一是没有能力履约；二是不准备履约；

（2）一方的预见有确切的证据，至于判断的标准，美国《统一商法典》规定为"有合理的理由认为对方不能正常履行"；

（3）被要求提供履约保证的一方不能在合理的期间内提供充分的保证。

2. 违约者的主观方面不同

明示预期违约表现为一方能够履行而不愿履行，这种违约表示明确肯定的，违约者的主观状态只能是故意。而默示预期违约表现为两种情形，一是一方当事人客观上没有能力履行合同，即失去履行能力，这种情形往往是从一些客观事实推测到的，如一方出现资金困难，支付能力欠缺，负债过多难以清偿等；二是一方当事人客观上能够履行合同，但却不打算履行合同，如该当事人商业信用不佳，已将部分货物转卖出去等，这种情形往往是从当事人的某些行为推测导致的，因此默示预期违约中违约者对违约行为的发生主观上既可能是出于故意，也可能是出于过失。

3. 救济措施不同

明示预期违约发生后，受害方有权选择救济措施，即受害方要么不接受对方预期违约的表示，等对方的履行期限到来之后，要求对方实际履行，如果届时对方不实际履行，再按实际违约要求对方承担责任；要么接受对方预期违约的意思表示，立即解除合同并可以要求对方赔偿损失。而默示预期违约发生后，受害方享有的第一个救济措施是通知对方要求其在一个合理的期限内提供将来能够履行合同的担保，在必要、合理的情况下可以中止履行合同，而不是立即解除合同。如果对方在收到通知后的一个合理期限内并未提供将来履行合同的充分保证，则默示预期违约就转化为明示预期违约了，受害方可以像明示预期违约发生时那样采取选择的救济措施，保护自己的利益。

（引自华律网 http://www.66law.cn/）

第四章

关于国际货物买卖的主要法律规定

本章在介绍有关货物买卖的国内立法、国际条约和国际贸易惯例的基础上，主要阐述《联合国国际货物销售合同公约》的相关规定，重点介绍买卖双方的权利和义务、违反国际货物买卖合同的补救方法、货物所有权与风险转移等相关规定。

技能目标

1. 具备分析和解决国际货物买卖相关案例的基本能力。

2. 具备订立国际货物买卖合同、解决合同争议的能力。

知识目标

1. 了解有关货物买卖的国内立法、国际条约和国际贸易惯例。

2. 掌握买卖双方的权利和义务、对违反买卖合同的补救方法、货物所有权与风险转移等内容。

重点难点

1. 买卖双方的权利和义务。

2. 违反国际货物买卖合同的补救方法。

3. 货物所有权与风险转移。

第一节　国际货物买卖相关法律概述

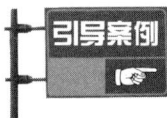

引导案例

2012 年 7 月，营业地位于美国华盛顿州的 A 公司与营业地位于阿根廷的 B 公司订立了一项买卖合同。合同规定，A 公司于 2014 年 7 月之前向 B 公司交付 5 架某型号客机，B 公司则于合同生效后的 5 年内，分批向 A 公司支付 4 亿美元的货款。后因货款支付问题，A 公司于美国某联邦法院对 B 公司提起诉讼。

由于该合同未就法律适用做任何约定，因此 A 公司主张适用华盛顿州的法律，而 B 公司则认为，由于美国与阿根廷均为《联合国国际货物销售合同公约》的缔约国，故应适用该公约。

案例讨论

1. 本合同纠纷应适用哪部法律？

----

2. 请说明理由。

技能提示

一、有关国际货物买卖的各国国内立法

（一）大陆法系国家的国际货物买卖立法

大陆法系国家的买卖法均采用成文法形式，把有关货物买卖的法律编入民法典。但法国、日本、德国实行民商分立的原则，除在民法典中规定买卖法的内容（如《法国民法典》第三篇第六章、《德国民法典》第二篇第二章）外，在商法典的商行为中还对商事买卖做出了特别规定。这些国家民法的一般原则可以适用于商事活动，但商法另有规定的，则应适用商法的原则。

（二）英美法系国家的国际货物买卖立法

英美法系国家无民法和商法之分。这些国家的买卖法由两个部分组成：一是普通法，即由法院以判例形式所确定的法律原则；二是成文法，即有关货物买卖的单行法规。这方面，具有代表性的是英国的《货物买卖法》和美国的《统一商法典》。

二、调整国际货物买卖关系的国际条约

（一）《国际货物买卖统一法公约》和《国际货物买卖合同成立统一法公约》

1964 年由罗马国际统一私法协会编纂的《国际货物买卖统一法公约》和《国际货物买卖合同成立统一法公约》在海牙会议上正式通过。不过，上述两公约由于主要采用了大陆法系的一些基本制度。内容繁杂且概念晦涩，因此，在国际上并没有被广泛接受和采用。

（二）《联合国国际货物销售合同公约》

《联合国国际货物销售合同公约》（以下简称《公约》）由联合国国际贸易法委员会自 1968 年起经过 10 年努力，于 1978 年完成起草，并于 1980 年在维也纳外交会议上正式通过，1988 年 1 月 1 日起生效，是迄今为止有关国际货物买卖合同的一项最为重要的国际条约。我国于 1986 年 12 月 11 日向联合国秘书长提交了核准书，该公约于 1988 年 1 月 1 日起对我国生效。

1. 《公约》适用范围

公约只适用于国际性的货物买卖合同。其适用范围的具体规定有：

（1）对当事人的适用范围

营业地处在不同国家的当事人之间订立的货物销售合同才能适用公约。在这里，仅以当事人的营业地是否处于不同的国家作为其国际性的标准，而不考虑当事人的国籍是否不同。

课堂案例 4 – 1

中国的甲公司有两个子公司：A 公司与 B 公司。一个在美国（《公约》缔约国），另一个在法国（《公约》缔约国），这两个公司就买卖位于中国境内 A 公司的一批货物订立了国际货物买卖合同。双方没有在合同中选择合同所应适用的法律。

请问：

1. 《公约》能否适用于该合同?

----

2. 为什么?

（2）对买卖货物的适用范围

《公约》只适用于国际货物的买卖。对此，《公约》采取排除法进行了规定，即下列货物买卖不适用《公约》：一是股票、债券、货币和其他投资证券的交易；二是船舶、飞机、气垫船的买卖；三是电力的买卖；四是卖方的主要义务是提供劳务或其他服务的买卖；五是供私人、家人或家庭使用的货物的买卖；六是由拍卖方式进行的销售；七是根据法律执行令状或其他令状的销售。

2. 《公约》的适用选择问题

《公约》第 6 条规定，当事人可以排除公约的适用，也可以删减或改变公约任何规定的效力，所以其适用不具有强制性，但排除其适用必须经当事人的明示为前提。如果当事人在合同中没有明确表示不适用《公约》，则符合《公约》适用范围的合同自动适用《公约》的相关规定。这与国际贸易术语等一些商业惯例有所区别，因为国际商业惯例只有当事人在合同中明确采用时才产生法律约束力。

课堂案例 4-2

法国某公司委托其在北京的分公司向中国某造船厂订购载货船舶一艘。合同约定，买方先付 30% 的货款，付款后 10 日内美方交货，船舶交付后 10 日内买方另付 70% 的货款。中方交货后，法方未能按期付款，中方向北京市高级人民法院提起诉讼，要求法方赔偿损失。

请问：

1. 该合同可以适用《公约》吗?

----

2. 为什么?

三、调整国际货物买卖关系的国际贸易惯例

国际贸易惯例是在国际贸易长期实践中形成并被普遍接受和遵循的习惯性行为规范。其主要有以下几种：

1.《2010 年国际贸易术语解释通则》。这是由国际商会制定的，自 1935 年制定至今经历了八次修改，该通则在国际上已经得到广泛的承认和采用，是国际货物买卖重要的贸易惯例。

2.《华沙—牛津规则》。该规则是由国际法协会在波兰华沙举行会议制定的，经1932 年牛津会议第三次修订为《1932 年华沙—牛津规则》，其仅对"成本加运费、保险费合同（CIF）"术语中买卖双方所承担的责任、费用与风险做了详细的规定。

3.《美国对外贸易定义修正本》。这是美国对外贸易协会修订发行的，对美国对外贸易中经常使用的贸易术语作了解释。其对 FOB 术语的解释与国际商贸活动中的一般做法有很大不同。美国的这项对外贸易定义，在南北美洲各国有较大的影响。

学习感悟

通过本节课的学习，我了解了 _____，
学会了 _____，
我印象最深的是 _____。

实例应用

1. 一家营业地在法国（《公约》缔约国）的公司与一家营业地在英国（非《公约》缔约国）的公司订立了一份飞机发动机销售合同。合同在法国巴黎签订，并约定在法国巴黎交货，用法郎结算，如果产生争议在法国仲裁院仲裁解决，但双方当事人未选择合同所适用的法律。

请问：

（1）该合同是否适用于《公约》？

_____

_____

（2）请说明理由。

_____

_____

2.《公约》缔约国 A 国的甲公司与缔约国 B 国的乙公司订立了一份货物买卖合同，双方没有选择合同所适用的法律。

请问：

（1）在此情况下《公约》是否能适用于这一国际货物买卖合同？

（2）请说明理由。

知识链接

我国对《公约》的两项保留

1. 关于国际货物买卖合同必须采用书面形式的保留

按照该公约的规定，国际货物买卖合同不一定要以书面方式订立或以书面来证明，在形式方面不受限制。这就是说，无论采用书面形式、口头形式或其他形式都认为是有效的。这一规定同我国当时适用的《涉外经济合同法》关于涉外经济合同（包括国际货物买卖合同）必须采用书面形式订立的规定是有抵触的。因此，我国在批准该公约时对此提出了保留。我国坚持认为，国际货物买卖合同必须采用书面形式，不采用书面形式的国际货物买卖合同是无效的。

2. 关于《公约》适用范围的保留

《公约》在确定其适用范围时，是以当事人的营业所处于不同国家为标准的，对当事人的国籍不予考虑。按照《公约》的规定，如果合同双方当事人的营业地是处于不同的国家，而且这些国家又都是该公约的缔约国，该公约就适用于这些当事人之间订立的货物买卖合同。即《公约》适用于营业地处于不同的缔约国家的当事人之间订立的买卖合同。对于这一点，我国是同意的。但是，该公约又规定，只要当事人的营业地是分处于不同的国家，即使他们的营业地的所属国家不是《公约》的缔约国，但如果按照国际私法的规则指向适用某个缔约国的法律，则该公约亦将适用于这些当事人之间订立的买卖合同。这一规定的目的是要扩大《公约》的适用范围，使它在某些情况下也可适用于营业地处于非缔约国的当事人之间订立的买卖合同。对于这一点，我国在核准该公约时亦提出了保留。根据这项保留，在我国，该公约的适用范围仅限于营业地点分处于不同的缔约国的当事人之间订立的货物买卖合同。

第二节 买卖双方的义务

引导案例

A（中国公司，卖方）与B（美国公司，买方）签订一份空气净化器的订购合同。货物运抵美国后，美国公司转售到加拿大。加拿大C公司指控B公司的空气净化器侵犯其在加拿大的外观设计专利。B对C公司赔偿后，向中国的卖方索赔。

案例讨论

1. 根据《公约》规定，B向A提出的索赔是否可以得到支持？

----

2. 如果该空气净化器侵犯了美国的外观设计专利，B的索赔是否可以得到支持？

技能提示

一、卖方的义务

根据《公约》的规定，卖方的义务主要包括以下三项：一是交付货物；二是移交一切与货物有关的单据；三是把货物的所有权转移给买方。

（一）按规定的时间、地点交付货物

如果合同对交货的时间与地点做了规定，卖方按照合同交付货物；如果没有规定，则应按合同适用的法律办理。《公约》相关规定如下：

1. 交货地点

（1）合同涉及运输的，当卖方将货物特定化之后，货交第一承运人时视为其已向买方交货；

（2）合同不涉及货物的运输时，如果合同的标的是特定的货物或从特定的存货中提取的或是尚待制造或生产的未经特定化的货物，而双方当事人在订立合同时已知道

这些货物在某一特定地点，或将在某一特定的地点制造或生产，卖方就应该在该地点把货物交给买方；

（3）在其他情况下，卖方应在他订立合同时的营业地把货物交给买方。

2. 交货时间

（1）如果合同订有交货日期，或从合同可以确定一个日期，则应在该日期交货；

（2）如果合同规定有一段时间，除情况表明应由买方在此期间内选定具体日期外，卖方可在这段时间内任何一天交货。例如，如果合同规定应在 7~8 月交货，则卖方可以在 7 月 1 日至 8 月 31 日的任何一天交货；

（3）在其他情况下，卖方应在订立合同后的一段合理时间内交货。

（二）提交有关货物的单据

国际货物买卖与国内货物买卖的区别之一就是货物的流转和单据的处理是分开进行的，卖方更多的用交付单据来代替实际的货物交付。单据是卖方据以结算，买方据以付款的凭证，有的单据是货物所有权的凭证，卖方在交付货物同时或之后，必须移交有关单据。

根据《公约》的规定：卖方有义务按照合同规定的时间、地点和方式移交这些单据。卖方移交的单据主要包括但不限于提单、保险单、商业发票、原产地证书、检验证书等，有时还可能包括领事发票、原产地证书、重量证书和品质检验证书等。

（三）对货物的品质担保义务

如果合同对货物的品质与规格已有具体规定，卖方应按照合同规定的品质、规格交付货物；如果没有规定，则应按合同适用的法律办理。

《公约》规定，卖方提交的货物除了应符合合同的规定外，还应符合如下要求：

（1）货物应适用于同一规格货品通常使用的用途；

（2）货物应适用于订立合同时买方曾明示或默示通知卖方的任何特定用途，除非情况表明买方并不依赖卖方的技能和判断力，或这种依赖对卖方来说是不合理的；

（3）货物的质量应与卖方向买方提供的货物样品或样式相符；

（4）货物应按同类货物通用方式装入容器或包装，如无通用方式的，则应按足以保全和保护货物的方式装入容器或包装。

《公约》还规定，货物风险转移之后其发生腐烂、变质、生锈等情况以至于与合同不符，卖方不承担责任；但如果货物发生上述缺陷的原因在风险转移之前就存在，卖方则不能因此而解除品质担保义务。如果合同还另外约定了卖方提供货物在一定期间内适用于其通常用途或特定用途的保证，且该期限一直延伸至货物风险转移之后的，则在保证期内卖方应承担货物的品质担保义务。

（四）对货物的权利担保义务

权利担保是指卖方应向买方保证他对所出售的货物享有合法的权利，没有侵犯任何第三者的权利，任何第三者都不会就该货物向买方主张任何权利。

《公约》对卖方权利担保义务的规定包括以下三个方面：

（1）卖方保证对其出售的货物享有合法的权利；

（2）卖方保证在其出售的货物上不存在任何未曾向买方透露的担保物权，如抵押权、留置权等；

（3）卖方应保证其所出售的货物没有侵犯他人的权利，包括商标权、专利权等。

同时，《公约》规定以下几种情况下，卖方不需承担权利担保义务的责任：

（1）买方同意在有第三方权利或要求的条件下接受货物；

（2）买方在订约时已经知道或不可能不知道第三方会对货物提出侵犯工业产权或知识产权的权利或请求的；

（3）第三方所提出的有关侵犯工业产权或知识产权的权利或请求，是由于卖方根据买方提供的技术图纸、图案或其他规格为其制造的产品而引起的；

（4）当卖方不知晓的情况下，货物被销往目的地以外的国家；

（5）当买方收到第三者的权利要求时，要及时通知卖方，如未及时通知，则免除卖方权利担保义务。

课堂案例 4 - 3

2006年，我某机械进出口公司向一法国商人出售一批机床。法国商人又将该机床转售美国及一些欧洲国家。机床进入美国后，美国的进出口商被起诉侵犯了美国有效的专利权，法院判令被告赔偿专利人损失，随后美国进口商向法国商人追索，法国商人又向我方索赔。

请问：

1. 我方是否应该承担责任？

---

2. 为什么？

二、买方的义务

在国际货物买卖中，根据各国法律和《公约》的规定，买方的主要义务有两项：一是支付货款；二是接受货物。

（一）支付货款

买方应按合同规定的时间、地点、方式、币种和金额支付价款。如果合同中无规定，则买方应依有关法律履行此项义务。《公约》相关规定如下：

1. 付款应履行的步骤和手续

买方应向银行申请信用证或银行付款保函，向政府主管部门申请进口许可证及所需外汇等。这些手续是买方付款的前提和保证。根据《公约》规定，完成这些步骤和手续都是买方的义务，不履行这些义务，则构成买方违反付款义务。

2. 付款地点

一是在订立合同时卖方的营业地付款；二是凭移交货物或单据支付货款的，则在移交该货物或单据的地点付款。

3. 付款时间

按交货或交单的时间付款，同时规定买方在没有机会检验货物前，无义务付款，除非这种机会与当事人议定的交货或支付程序相抵触。

课堂案例 4 - 4

A 国的甲公司向 B 国的乙公司出售一批产品，双方采用 CIF 术语成交，信用证方式付款。

请问：

1. 根据《公约》的规定，乙公司在收到货物进行检验之前能否拒绝付款？

....

....

2. 为什么？

....

....

（二）收取货物

如果合同对如何收取货物已有具体规定，买方应按照合同规定的时间、地点和方式收取货物；如果没有规定则应按合同适用的法律办理。《公约》相关规定如下：

（1）买方应采取一切理应采取的行为，以便卖方能交付货物；

（2）买方必须接受与合同相符的货物。如果买方不及时提货，卖方可能要对承运人支付滞期费及其他费用，对此买方应承担责任。

😊 学习感悟

通过本节课的学习，我了解了 _____，
学会了 _____，
我印象最深的是 _____。

📖 实例应用

1. A 国的甲公司将一批机电设备出售给 B 国的乙公司，合同约定卖方对其交付的机电设备的保质期为 1 年，采用 FOB 交货方式，产品于 2012 年 7 月 4 日交付给了承运人，2013 年 5 月乙公司在使用过程中设备出现了一些质量上的小问题。

请问：

（1）根据《公约》的规定，甲公司要不要对质量问题负责？

（2）为什么？

----

2. A 国甲公司将一批货物出售给 B 国乙公司，订约时甲公司知道乙公司购买这批货物的目的是用于生产自己的产品。但甲公司将这批货物交付给乙公司之后没多久，该货物的国际市场价格大幅上涨，于是乙公司就将货物卖给了 C 国的丙公司。对此，C 国丁公司对货物提出了专利权争议，乙公司也及时地通知了甲公司。

请问：

（1）根据《公约》的规定，甲公司是否应承担权利担保义务的法律责任？

（2）为什么？

知识链接

交付货物的方式

在国际货物买卖中交付货物的方式一般有两种：实际交货和象征性交货。

实际交货是指卖方将货物置于买方的实际占有和支配之下。在合同货物涉及运输或其他无法实际交货的情况下，由卖方发运货物并将取得的提单或其他证明货物所有权的运输单证交给买方，或者在货物已由第三人占有且第三人承认是代买方掌管此项货物时，尽管买方没有实际占有货物，但形式上已经拥有了支配货物的权利，构成象征性交货。

按照英美法律和《公约》的规定，在象征性交货的情况下卖方必须履行如下义务：

第一，如果卖方交付承运人的货物没有清楚地注明有关合同，则卖方必须向买方发出列明货物的发货通知；

第二，如果卖方有义务安排运输，他必须负责订立必要的运输合同，用适当的运输工具，按照通常的运输条件，将货物运到指定地点；

第三，除另有约定者外，如货物由卖方运交买方过程中须经过海运，而按照一般惯例应予保险的，则卖方须将有关情况通知买方，以便其能办理海洋运输保险。如果卖方未能这样做，则货物在海运途中的风险应被视为由卖方承担；

第四，使货物处于可交付状态的费用，如包装、容器等项费用，除双方另有约定外，由卖方承担。

此外，合同应被尽可能地一次性履行，如果合同另有约定或只能分次履行，则买方可以分批付款，直至货物完全交付。

第三节　违反国际货物买卖合同的救济方法

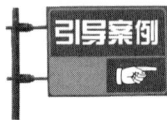

引导案例

A 国甲公司向 B 国乙公司订购一批服装，合同约定交货时间为 5 月 8 日至 5 月 12 日。但到了 5 月 12 日，乙公司没有按约交付这批货物，甲公司立即发电报催其在一个星期内将货物交付。5 月 l5 日，乙公司发了一份传真给甲公司，要求每套提高 5 美元，否则不交货。过了一个星期后，甲公司宣告合同无效，并要求乙公司赔偿损失。

案例讨论

1. 根据《公约》，甲公司能不能这样做？为什么？

----

2. 甲公司可否宣告合同无效并要求乙公司实际履行？为什么？

技能提示

在国际货物买卖合同订立后，买卖双方都有可能发生违约行为。有时是卖方违约，如不交货、延迟交货或所交货物与合同规定不符等；有时是买方违约，如无理拒收货物、拒绝支付货款等。无论是哪一方违约都会给对方造成一定的损害，在此情况下，受损害的一方有权采取措施以维护自己的权益。这种取得补偿的措施，就是通常所说的补救方法，它在法律上又称为违约救济。

一、《公约》对违约形态的规定

（一）根本性违约

是指一方当事人违反合同的结果，使另一方当事人蒙受损失，以至于实际上剥夺了其根据合同有权期待得到的利益。除非订立合同的一方当事人并不预知，且处于相同状况的通情达理的当事人也没有理由预知会发生同样的结果。当一方当事人根本性违约时，另一方当事人可以解除合同并要求对方承担违约责任。

（二）非根本性违约

即一方当事人违约的结果，虽使另一方当事人蒙受损失，但未剥夺其根据合同期待得到的利益。其法律后果是受损方只能要求损害赔偿，而不能宣告合同无效。

（三）预期违约

《公约》具体规定了两种情形：一是一方当事人履约能力或信用有严重缺陷，或在其准备履行合同或履行合同中的行为显然表明该当事人将不履行大部分重要义务；二是在合同义务履行期届满之前，一方当事人明显有将根本违反合同的情况出现。

课堂案例 4 - 5

A 国的甲公司向 B 国的乙公司购买一批产品，乙公司与甲公司订约时，得知这批产品是甲公司用于生产其产品的半成品。合同订立后没多久，在 A 国国内由乙公司提供的这种产品的价格急骤上涨，因此合同到期乙公司将其产品交付后，甲公司就直接将其卖给了本国的丙公司，但由于丙公司对产品质量要求更高的原因，以致其无法正常使用这种产品。甲公司向丙公司承担违约责任同时，即以乙公司剥夺了其有权期待得到的利益构成根本违约为由，要求乙公司承担相应的违约责任。

请问：

1. 根据《公约》，乙公司的行为是否构成根本性违约？

------

2. 为什么？

二、买卖双方都可以采取的救济方法

根据《公约》规定，若对方违约，买方或卖方都可以采取的救济方法主要有损害赔偿、中止履行合同、撤销合同等，此外《公约》对分批交货违约时的救济方法也做了明确的规定。

（一）损害赔偿

损害赔偿是《公约》规定的一种主要的违约救济方法。当一方违约时，另一方当事人就有权要求赔偿，而且要求损害赔偿的权利，并不因其已采取其他救济方法而丧失。就是说，当事人要求损害赔偿这一救济方法可以与其他方法一并使用。

《公约》相关规定如下：

1. 损害赔偿的方法采用金钱赔偿原则。损害赔偿的范围，应与对方因其违约而遭受的包括利润在内的损失额相等。

2. 违约一方的赔偿责任仅以其在订立合同时可以预见到的损失为限，对于那些在订立合同时不能预见的损失，违约方可以不负责任。

3. 公约采取无过错责任原则。公约规定，当一方请求损害赔偿时，不必证明违约一方有过失，只要一方违约并给对方造成损失，对方就可以请求损害赔偿。

4. 减轻损失的原则。当一方违反合同时，另一方有义务按情况采取合理措施，减轻由于对方违反合同而引起的包括利润的损失。如果他不采取措施减轻损失，违反合同的一方可以要求从损害赔偿中扣除原可以减轻的损失数额。

（二）中止履行合同

《公约》规定在一方当事人预期违约但并未构成根本违约时，另一方当事人有权中止履行。但当事人采用这种救济方式时一定要通知另一方当事人，如对方提供履约的充分保证，当事人则应继续履行。

（三）撤销合同

《公约》规定在一方当事人预期违约且构成根本违约时，另一方当事人还可以撤销合同。

《公约》相关规定如下：

1. 在合同履行期到来之前，明显看出一方当事人将根本违反合同，另一方当事人可宣告合同无效；

2. 如果时间许可，准备宣告合同无效的当事人必须向另一方当事人发出合理的通知，使他可以对履行义务提供充分保证；

3. 如果另一方当事人已声明不履行其义务则上述规定不适用。

课堂案例 4－6

瑞典 A 公司（卖方）与中国 B 公司（买方）订立了一份出口汽车零件的合同。合同规定：买方应在零件制造过程中按进度付款。合同订立后，B 公司即获悉卖方 A 供应的零件质量不稳定，将难以达到合同标准。于是立即通知 A：据悉你公司供货质量不稳定，故我方暂时中止履行合同。卖方 A 收到通知后，立即向 B 提供书面保证：如不能履行义务，将由银行偿还买方按合同规定所做出的一切支付。A 公司同时向 B 公司出具了一份银行保函。

请问：

1. 若 B 公司在收到此保证和银行保函后仍然坚持中止履行合同，是否构成违约？

----

2. B 公司在中止履行合同后，可否进一步宣告合同无效？

（四）分批交货时的救济方法

根据《公约》的规定，在分批交货合同中，若一方当事人不履行对其中任何一批货物的义务，则构成对该批货物的根本违约，另一方当事人可采取的救济方法有：

（1）可宣告合同对该批货物无效，但不能撤销整个合同；

（2）若该当事人对该批货物的违约行为使另一方当事人有充分理由断定其对今后各批货物也将会发生根本违约行为，则另一方当事人可在一段合理时间内宣告合同今后无效，但不能否认此前已履行的各批货物的效力；

（3）若各批货物是互相依存的，不能单独用于双方当事人在缔约时所设想的目的，则买受人宣告合同对其中任何一批货物的交付为无效时，可同时宣告对已交付的和今后应交付的各批货物都无效。

课堂案例 4-7

意大利某公司与我国某公司签订了出口加工生产大理石的成套机器设备合同，合同规定分四批交货。卖方交付的前两批货物都存在不同程度的质量问题。在第三批货物交付时，买方发现货物品质仍然不符合合同要求，故推定第四批货物的质量也难以保证，所以向卖方意大利公司提出解除全部合同。

请问：

1. 我公司的要求是否合理？

----

2. 为什么？

三、卖方违约时，买方可采取的救济方法

卖方的违约行为一般表现为不交货、延迟交货或所交货物与合同不符等。买方除了可以采用买卖双方均可采用的救济方法外，还可以有针对性地采取以下相应的救济方法。

（一）要求卖方实际履行

实际履行是指买方要求卖方按合同的规定履行合同或买方向法院提出实际履行之诉，由法院判决强令卖方具体履行合同义务的救济方法。

根据《公约》规定，实际履行应满足以下条件：

（1）买方不得采取与这一要求相抵触的救济方法；

（2）买方应给予卖方履行合同的宽限期；

（3）法院是否做出实际履行的判决依赖于该国国内法的规定。

（二）要求卖方交付替代货物

根据《公约》的规定，买方采用这种违约救济方法须同时满足三个条件：

（1）卖方所交货物不符合合同约定的情形相当严重，已构成根本违约；

（2）买方必须在一段合理时间内提出这种要求；

（3）买方如果不能按实际交货的原状归还货物，其就丧失了宣告合同无效或要求卖方交付替代货物的权利。

交付替代货物实际上是一种变相的实际履行。

（三）要求卖方修补货物

根据《公约》的规定，如果卖方所交付的货物不符合合同规定的情况不严重，尚未构成根本违约的，买方可以要求卖方通过修理对不符合合同之处做出补救。修理要求应于买方通知卖方其交货物不符合合同时提出或在该通知发出后的一段合理时间内提出。

但如果根据具体情况要求卖方对货物进行修补的做法是不合理的，则买方不能要求卖方对货物不符合合同之处进行修理。这种情形下，买方可自行修理或请第三人修理，所支出的修理费用由卖方承担。

（四）给卖方一段合理的额外时间让其履行合同义务

根据《公约》的规定，卖方不按合同规定的时间履行其义务，买方可以规定一段合理的额外时间，让其在这段时间内履行。除非买方收到卖方的通知，称其将不在所规定的时间内履行义务，买方在这段时间内不得对卖方的违约行为采取其他补救方法。如果卖方未在规定的合理时间内交付货物或其已声称自己将不在上述期限内履行交货义务，则买方就有权宣告合同无效。

（五）要求卖方减价

根据《公约》的规定，卖方所交货物与合同不符的，无论买方是否已经支付货款，其均可要求减价，减价的幅度以实际交付的货物与符合合同的货物在同一时间的价值比例计算。但是如果卖方已按《公约》规定对任何不符合合同之处做出了补救，或买方拒绝卖方履行补救义务的，则买方不得要求减价。

（六）卖方自费补救

根据《公约》规定，除买方撤销合同之外，即使在合同约定的交货日期之后，卖方仍可自付费用；对任何不履行义务做出补救，但不得给买方造成不合理的不便或迟延。卖方在采取补救措施时应通知买方，买方应在收悉后的合理时间内做出答复，否则，卖方即可按其通知的内容履行其义务，而买方不得采取与此相抵触的救济方法。

（七）卖方提前或超量交货时买方的补救

根据《公约》的规定，卖方提前或超量交货时，买方可以拒收该提前交付部分或超量交付部分的货物。但如果该部分货物与其他约定履行部分不易分割，且未构成根本违约或按商业惯例不得不全部收下的，买方则应将其收下，但可要求损害赔偿。如果该部分货物的履行构成根本违约的，买方可拒收该整批货物，而不仅仅是提前或超量部分的货物。

课堂案例 4-8

　　台湾某出口商与斯里兰卡某进口商在签订的货物买卖合同中约定以 CIF Colombo 价格条件销售波纹绸，合同价款共计 5000 美元。但在产品接受出口检验时被发现其中混有不合格产品，约占全部货物的 39.4%，且卖方未予清理。因卖方在合同与信用证上均未标明在货物中混有不合格产品的比例，故当买方发现货物存在瑕疵后拒绝支付货款，并要求卖方减价赔偿损失。

　　请问：

　　1. 买方采用的是哪种救济方法？

　　---

　　2. 买方的要求是否合理？

　　---

　　3. 为什么？

四、买方违约时，卖方可采取的救济方法

　　在货物买卖合同中，买方的违约行为一般表现为不支付货款、延迟付款、不收取货物和延迟收取货物等。在此情况下，卖方除了可以采用买卖双方均可采用的救济方法外，还可以采取以下救济方法：

（一）要求买方实际履行

　　卖方可以要求买方支付价款、收取货物或履行他的其他义务，除非卖方已采取与这一要求相抵触的某种补救办法。

（二）给买方一段合理的额外时间让其履行合同义务

　　《公约》相关规定如下：

　　（1）卖方可以规定一段合理的额外时间，让买方履行义务。

（2）除非卖方收到买方的通知，声称他将不在所规定的时间内履行义务，卖方不得在这段时间内对违反合同采取任何补救办法。

（三）卖方的权利

对于未收到货款的卖方，在不同情况下，可行使以下四种权利：

（1）停止交货权；

（2）对货物的留置权；

（3）对货物的停运权；

（4）对货物的再出售权。

（四）卖方自行确定货物的具体规格

如果根据合同规定应由买方确定货物规格（形状、大小或其他特征），而其在议定日期或在收到卖方要求后的一段合理期限内未确定的，则卖方可自行确定，并通知买方，买方在收到通知后的一段合理期限内未另定规格的，则卖方所定的规格就有约束力。

（五）要求支付利息

如果买方没有支付价款或有任何其他形式拖欠金额，卖方有权在收取这些金额的同时，要求对方支付相应利息，且卖方这一权利行使并不妨碍其要求损害赔偿的权利。

课堂案例 4 - 9

A 国的甲公司向 B 国的乙公司出售一批货物，合同约定由乙公司在订约后提供这批货物的具体规格，但在约定日期乙公司未提供，甲公司就自行确定了一个规格发给了乙公司，请求乙公司确认。乙公司收到后在 15 天内未做任何表示。于是甲公司就按自己定的规格向乙公司发货，乙公司收货后认为甲公司交付的货物与合同规定的规格不符，要求其承担违约责任。

请问：

1. 根据《公约》，甲公司是否违约了？

------

2. 为什么？

☺ **学习感悟**

通过本节课的学习，我了解了 _____，
学会了 _____，
我印象最深的是 _____。

📖 **实例应用**

1. A 国甲公司向 B 国乙公司订购一批产品，合同到期后乙公司迟迟不履行合同义务，经甲公司催告后在甲公司给定的合理期限内仍未履行，于是甲公司解除其与乙公司订立的该合同，并要求乙公司赔偿损失。

请问：

（1）根据《公约》，在甲公司采取了解除合同这种违约救济措施之后，能否再要求乙公司赔偿损失？

（2）为什么？

----

2. A 国甲公司向 B 国乙公司出售一台特大型数控机床，由于机器太大，因此，合同约定采用整机拆零，然后分五批交付的方式交易。甲公司交付三批零件之后，不准备交付第四批零件了，但愿意交付第五批零件。

请问：

（1）在这种情况下，根据《公约》乙公司能否宣告整个合同无效？

（2）为什么？

知识链接

两大法系对违约形态的规定

一、大陆法系国家对违约形态的规定

1. 德国法对违约形态的规定

（1）给付不能。即债务人因某种原因而无法履行合同义务的情形，主要可分为自始不能和嗣后不能。

（2）给付迟延。即债务人没有按合同约定的期限履行合同义务的行为。对此，德国法采用过错责任原则，即对给付迟延没有过错的当事人不需承担违约责任。

（3）积极违约。即债务人虽已履行债务，但其履行有瑕疵而给债权人造成损害。

2. 法国法对违约形态的规定

（1）债务不履行。即合同债务人不履行合同约定的债务。

（2）债务迟延履行。即合同债务人未按合同约定期限履行债务。

二、英美法系国家对违约形态的规定

1. 英国法对违约形态的规定

（1）违反要件。即违反合同主要条款的行为。一般在商事合同中与商品有关的品质、数量和交货期等条款属于合同的主要条款，而与商品无直接联系的条款为非主要条款。

（2）违反担保。即违反合同非主要条款的行为。

（3）预期违约。即当事人在履行期届满前明确表示将不履行合同义务，其表示方式可有明示（如口头或书面通知）与默示（如已将货物卖给他人的行为表明）两种。

（4）履行不能。其与德国法中给付不能的规定基本相同。

2. 美国法对违约形态的规定

（1）重大违约。即一方违约而致使对方期望通过合同履行而获得的利益无法满足，其后果类似于英国法中的违反要件。

（2）轻微违约。即一方虽违约给对方造成损失，但对方仍能取得合同的主要利益。相当于英国法中的违反担保。

另外，还有预期违约和履行不能与英国法的规定相同。

第四节　货物所有权和风险转移

引导案例

出口商甲向进口商乙出售小麦 1000 公吨，按 CFR 价格条件。在装运港装船的小麦都是混装的，共 3000 公吨，卖方准备在货物运抵目的港后再分拨 1000 公吨给买方。但小麦在路途中因高温天气发生变质，共损失 1200 公吨，其余 1800 公吨得以安全运抵目的港。卖方向买方声明其出售的 1000 公吨小麦已在途中全部损失，且认为根据 CFR 合同，风险从货物在装运港装上船时已转移给买方，故卖方对以上损失不应承担任何法律责任。买方则要求卖方继续履行合同。双方遂提起仲裁。

案例讨论

1. 卖方应不应该对上述损失承担任何法律责任？

------

2. 为什么？

技能提示

一、货物所有权的转移

《公约》对货物所有权转移给买方的时间、地点、条件及合同对第三方货物所有权所产生的影响等问题都没有明确规定。

在实践中，一般由受理法院或仲裁庭依据有关国际惯例或以国际私法冲突规范指引国内法来解决货物所有权转移的问题。

二、货物风险的转移

在国际贸易中，货物风险的转移直接影响买卖双方的权利义务。一般认为，应以货物的交付时间来决定货物风险转移的时间，但货物的风险以货物交付而转移是有条件的，这些条件是货物的特定化、货物的品质保证、代表占有权单证的交付等。

《公约》的相关规定如下：

（1）允许双方当事人在合同中约定有关风险转移的规则。《公约》规定，双方当事人可以在合同中使用某种国际贸易术语，或者以其他办法规定货物损失的风险从卖方转移于买方的时间及条件。如果双方当事人在合同中对此做出了具体的规定，其效力高于《公约》的规定。

（2）风险转移所产生的后果。根据《公约》规定，如果风险转移到买方后，买方就要对货物的损失承担责任，即使货物发生灭失或损害，买方仍须支付价款，而不得以此为理由拒付货款。但是，如果这种灭失或损坏是由于卖方的作为或不作为造成的，则不在此限。

（3）合同涉及运输的，在卖方将货物交付于第一承运人时货物风险转移；但若合同约定特定地点交货的，则在交付时风险转移。即使卖方有权保留控制货物所有权的单据（如提单等），不影响其风险转移。

（4）卖方出售运输途中的货物的，货物风险在合同订立时转移；若情况表明有需要时，货物风险则从货物交付给签发载有运输合同单据的承运人时转移。如果卖方在订约时已知货物出险，但对买方隐瞒的，则货物损失由卖方承担。

（5）合同不涉及运输的，货物风险则从买方收受货物时或迟延受领货物时转移。但货物未特定化于合同项下的，风险不转移。

（6）卖方根本性违约的，即使货物风险已转移，也不妨碍买受人采取撤销合同等违约救济措施。

课堂案例 4 - 10

中国的甲公司与美国的乙公司订立一份货物买卖合同，合同约定交货条件为"上海港装船，FOB 纽约"。由于合同涉及运输，甲公司请丙运输公司将货物运至上海，再交给由乙公司订好的丁公司的某轮船。除此外，合同未规定货物风险转移时间。

请问：

1. 根据《公约》规定，该案中货物风险在何时发生转移？

----

2. 为什么?

<hr>

😊 学习感悟

　　通过本节课的学习，我了解了 _____，
学会了 _____，
我印象最深的是 _____。

📖 实例应用

　　1. A 国的甲公司向 B 国的乙公司出售一批产品，合同约定于 5 月 18 日乙公司到甲公司位于 A 国某地的某仓库取货。合同到期时，乙公司未按约取货，甲公司也没有将应交付的货物从大量堆放的货物中分拣出来，5 月 l9 日仓库起火，虽然抢救及时，但该批货物已损失 80％。

　　请问：

　　(1) 根据《公约》，这批货物的损失由谁承担?

　　(2) 为什么?

　　2. 我国香港 W 公司与内地 Y 公司于某年 10 月 2 日签订进口服装合同，价格条款为 FOB 青岛，11 月 2 日货物准时通过长风轮出运。11 月 4 日香港公司与德国公司签订合同，将该批货物转卖给德国公司，价格条款为 CIF 汉堡，合同适用法律为《公约》。11 月 20 日，长风轮在货物运输途中海上航行时发生漏水，服装受损严重。德国公司向香港公司和内地 Y 公司索赔。

　　请问：

　　(1) 货物发生损失的风险应由谁承担?

（2）为什么？

知识链接

货物特定化

货物特定化是指卖方在货物上加注标志，或以装运单据、通知买方等方式将货物清楚地确定在合同项下的行为。被特定化的货物，风险自卖方将货物特定化时起转移给买方。

一般来说，卖方可以采取下列办法将货物特定化：

（1）在货物上标明买方的姓名和地址。

（2）在提单上载明以买方为收货人或载明货物运到目的地时应通知某一买方。

卖方把货物特定化是一项具有重大法律意义的行为。按照许多国家的法律，卖方将货物特定化，乃是货物的风险和所有权由卖方转移给买方的必要条件。在货物特定化之前，其风险和所有权原则上不转移给买方。

第五章

关于国际结算的主要法律制度

国际结算法律制度是用来调整国际贸易往来、资本和利润的转移、国际交通、航运、保险费用的收支等所引起的国际货币收付行为的法律规范。它要求债权人和债务人运用最科学、最迅速、最安全的方法和工具来完成国际债权债务中的票据、单据和货币资金的收付。

技能目标

1. 学习票据记载的不同内容。
2. 能够根据不同需求选择合适的结算工具。

知识目标

1. 了解关于国际结算的惯例。
2. 掌握汇票的含义、必备内容及其使用。
3. 掌握汇付、托收和信用证的概念、当事人及其法律关系。

重点难点

1. 汇票的使用。
2. 汇付、托收和信用证的当事人之间法律关系。

第一节 国际结算法律基本知识

引导案例

国内的某出口公司在一次出口交易会上，与一家初次往来的国外进口商签订了一笔出口合同，并凭该进口商出具的支票在两天后将合同货物空运出口。随后，该出口公司将收到的支票交国内某银行办理支票托收时被告知该支票为空头支票，此时货物已被对方提走。

案例讨论

1. 我方应吸取哪些方面的教训？

----

2. 我国企业应该怎样减少货物买卖时的风险？

技能提示

一、国际结算的概念和特征

（一）国际结算的概念

国际结算是指国际上的自然人、法人和政府机关以货币表现的债权、债务的清结。它包括贸易往来、资本和利润的转移、劳务的提供和偿付、国际交通、航运、保险费用的收支、侨汇、旅游、政府的对外事务活动等所引起的国际货币收付行为。

国际贸易结算是指货物买卖、技术及服务进出口贸易所发生的国际债权与债务结算。

（二）国际结算的特征

1. 国际结算首先是跨国结算，收付双方处在不同的国度。

2. 由于收付双方处在不同的法律制度下，只能采用国际结算统一惯例为法律准则，协调双方之间的关系，并相互约束。

3. 为了支付方便和国际结算安全，必须采用收付双方都能接受的货币为结算货币。

4. 国际结算主要通过各种信用工具和支付手段进行，如信用证、银行保函、汇票、本票等。

5. 国际结算主要通过银行为中间人进行结算，以确保支付过程安全、快捷、准确、保险及便利。

6. 由于国际结算一般采用不同于支付双方本国的货币为结算货币，在结算过程中要有一定的汇兑风险。

二、国际贸易结算方式

国际贸易结算方式主要有汇付、托收和信用证。

国际贸易结算方式按资金流向和结算工具的传递方向划分，可分为：

1. 顺汇

也称汇付，是由债务人（一般为买方）主动将款项交给本国银行，委托银行使用某种结算工具，汇交给国外债权人或收款人（一般为卖方）。

2. 逆汇

由债权人（一般为卖方）以出具票据的方式，委托本国银行向国外债务人收取款项的结算方式。

三、调整国际贸易结算关系的法律规范

目前调整国际汇付结算关系的法律规范主要体现为有关国家的国内法，包括合同法和票据法、外汇管理法等。

托收和凭信用证结算的关系主要由很多国家广泛接受的国际惯例予以规范。其中调整托收关系的主要是国际商会第 522 号出版物，即《托收统一规则》（简称 URC522）。调整信用证结算关系的主要是国际商会第 600 号出版物，即《跟单信用证统一惯例》（简称 UCP600）以及《跟单信用证项下银行偿付统一规则》（简称 ICC525）、《见索即付保函统一规则》（简称 ICC458）、《国际备用证惯例》（简称 ISP98）、《国际保理通则》。

课堂案例 5-1

我方向美国出口一批货物，合同规定 8 月份装船，采用电汇方式付款，委托美国花旗银行收取货款。后国外来证规定装船期在 8 月 15 日之前，但我方在 8 月 15 日前无船去美，我方立即要求外商将船期延至 9 月 10 日前装船。随后外商来电称：同意船期展延，有效期也顺延一个月。

请问：

1. 这个合同中，债权人和债务人分别是谁？

_____

_____

2. 在这个合同中，双方所采取的结算方式是顺汇还是逆汇？

_____

_____

_____

学习感悟

通过本节课的学习，我了解了_____，

学会了_____，

我印象最深的是_____。

实例应用

1. 国际结算就是指_____、_____、_____所发生的国际债权与债务结算。

2. 结算工具包括货币现金、（　　）以及电报、支付凭证等。

　A. 票据　　　　B. 黄金　　　　C. 信用卡　　　　D. 代金券

3. 调整国际贸易结算关系的法律规范有（　　）。

　A．票据法　　　B. URC522　　　C. UCP600　　　D. 外汇管理法

知识链接

人民币是全球排名第七大支付货币

摘要：环球银行金融电信协会（SWIFT）于2014年7月29日发布的一份报告显示，6月份人民币在全球支付货币中的市场份额从5月份的1.47%升至1.55%，人民币在使用最多的全球支付货币中排名依然保持第七位。

报告显示，新加坡的人民币使用在中国和香港以外地区排名第一，英国则是排名第二。数据并显示，6月份韩国的人民币支付额比去年同期飙升563%，成为中国内地

和香港之外，全球人民币支付额第八高的地区。

SWIFT 称，韩国 6 月与中国内地和香港之间进行的所有直接支付中有 68.9% 使用人民币，高于上年同期的 32.8%。中国央行（PBOC）7 月初指定交通银行担任韩国的人民币清算行。

汇丰银行（HSBC）韩国分行执行长 Martin Tricaud 说道："韩国企业越来越适应人民币的发展，作为其全球贸易和流动性战略的一部分，他们正在利用人民币带来的机遇。"

中国过去五年已经放宽相关管制，以打造人民币成为国际贸易货币，并降低其对其他货币的依赖。但美国领导人长期以来一直批评中国的外汇资产，称人民币被人为压低，以促进中国的出口。

近年来，人民币在国际货币市场越来越受欢迎。今年第一季度，中国贸易总量的 18% 都以人民币作为支付货币，约合 1.09 万亿元，这一比例也较去年第四季度的 14% 有所上升。五年前，这个比例仅有 1%。

汇丰预计，人民币 2015 年将成为全球三大贸易货币之一，五年内将可实现全面兑换。

新华社引述中国人民大学校长、《人民币国际化报告 2014》主编陈雨露观点称，该报告预测人民币有望于 2020 年前成为仅次于美元和欧元的第三大国际货币。

（摘自 www.sina.com）

第二节　国际贸易结算支付工具

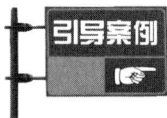

引导案例

甲公司向某工商银行申请一张银行承兑汇票，该银行做了必要的审查后受理了这份申请，并依法在票据上签章。甲公司得到这张票据后没有在票据上签章便将该票据直接交付给乙公司作为购货款。但是乙公司因管理不善，丢失了汇票。

案例讨论

1. 甲公司将票据直接交付给乙公司的行为是否有效？

----

2. 乙公司丢失了汇票是否还能收回货款？

技能提示

票据是国际通行的结算和信贷工具，是可以流通转让的债权凭证。国际贸易结算支付工具主要有：汇票、本票和支票。

一、汇票

（一）汇票的含义

根据我国《票据法》的规定，汇票是出票人签发的，委托付款人在见票时或者在指定日期无条件支付确定的金额给收款人或持票人的票据。汇票是国际货款结算中使用最多的票据。

（二）汇票的基本当事人

汇票的当事人主要有出票人、受票人、付款人、受款人、承兑人等。

1. 出票人——签发票据并将票据交付给他人的人。

2. 受票人或付款人——支付给持票人或收款人票面金额的人。汇票的付款人在信用证下一般为开证银行；托收下一般为进口商。

3. 受款人——收取票款的人。

4. 承兑人——对远期票据到期支付一定金额做出承诺的人，承兑人一般为远期汇票付款人。

5. 背书人——在票据上背书，将票据转让给他人的人。

6. 持票人——持有票据的人。

（三）汇票的必备内容

根据我国《票据法》第22条的规定，汇票必须记载下列事项：

（1）表明"汇票"的字样。

（2）无条件支付的委托。

（3）确定的金额。

（4）付款人名称。

（5）收款人名称。

（6）出票日期。

（7）出票人签章。

汇票上未记载上述规定事项之一的，汇票无效。

（四）汇票的使用

根据《票据法》的规定，汇票的使用主要包括：出票、提示、承兑、背书、付款等环节。

1. 出票：指出票人在汇票上填写付款人、付款金额、付款日期和地点以及收款人等项目，经签字交给持票人的行为。

2. 提示：汇票持有人将汇票交给付款人要求承兑或付款的行为。

3. 承兑：远期汇票的受票人在汇票持有人提示汇票后即在汇票正面签上"承兑"字样以及姓名、日期，表示承担到期付款责任的行为。

承兑包括两个动作：一是承兑人在汇票上面横写"承兑"字样，签字，并加注承兑日期，有时还加注汇票到期日；二是把承兑的汇票交给持票人。汇票一经承兑，付款人就成为汇票的承兑人，并成为汇票的主债务人，而出票人成为汇票的次债务人。

4. 背书：是指汇票抬头人在汇票背面签上自己的名字，或再加上受让人，并把汇票交给受让人的行为。

5. 付款：汇票受票人（付款人）在汇票规定的时间向汇票规定的收款人清偿汇票金额的行为。

6. 拒付和追索：持票人提示汇票要求承兑时，遭到拒绝承兑，或持票人提示汇票要求付款时，遭到拒绝付款，均称拒付，也称退票。当票据遭到拒付后，持票人有向其"前手"追索票款，直到向出票人追索票款的权利。

持票人应将拒付的事实通知前手，并提供拒付证书。拒付证书应由付款当地的法定公证人或具有同等权利的机构如法院、银行、邮局等做出，证明拒付事实。拒付证书是持票人凭以向其"前手"进行追索的法律依据。

二、本票

（一）本票的含义

本票是出票人签发的，承诺自己在见票时无条件支付确定金额给收款人或者持票人的票据。

（二）本票的必备内容

根据我国《票据法》第 76 条的规定，本票必须记载下列事项：

（1）表明"本票"的字样。

（2）无条件支付的承诺。

（3）确定的金额。

（4）收款人名称。

（5）出票日期。

（6）出票人签章。

本票上未记载上述规定事项之一的，本票无效。

三、支票（Check）

（一）支票的含义

支票是存款人向其开户银行开出的，要求该银行即期支付一定金额的货币给特定人或其指定人或持票人的无条件的付款命令。支票是以银行为付款人的即期汇票。如果存款额低于支票金额，即为空头支票，银行将拒付。

（二）支票的必备内容

根据我国《票据法》的规定，支票必须记载下列事项：

（1）表明"支票"的字样。

（2）无条件支付的委托。

（3）确定的金额。

（4）付款银行名称。

（5）出票日期。

（6）出票人签章。

支票上未记载上述规定事项之一的，支票无效。

课堂案例 5－2

　　甲公司向某工商银行申请一张银行承兑汇票，该银行做了必要的审查后受理了这份申请，并依法在票据上签章。甲公司得到这张票据后没有在票据上签章便将该票据直接交付给乙公司作为购货款。乙公司又将此票据背书转让给丙公司以偿债。到了票据上记载的付款日期，丙公司持票向承兑银行请求付款时，该银行以票据无效为理由拒绝付款。

请问：

1. 从以上案情显示的情况看，这张汇票有效吗？

----

2. 请说明理由。

😊 **学习感悟**

通过本节课的学习，我了解了 _____ ，

学会了 _____ ，

我印象最深的是 _____ 。

📓 **实例应用**

1. 国际贸易结算支付工具主要有：_____、_____和_____。

2. 甲公司在银行的支票存款共有 100 万元人民币，该公司签发了一张面额为 200 万元的转账支票给乙公司。之后甲公司再没有向开户银行存款。

请问：

1. 乙公司所持的支票是否为空头支票？

----

2. 空头支票的付款人是否为票据债务人？为什么？

知识链接

银行汇票和背书

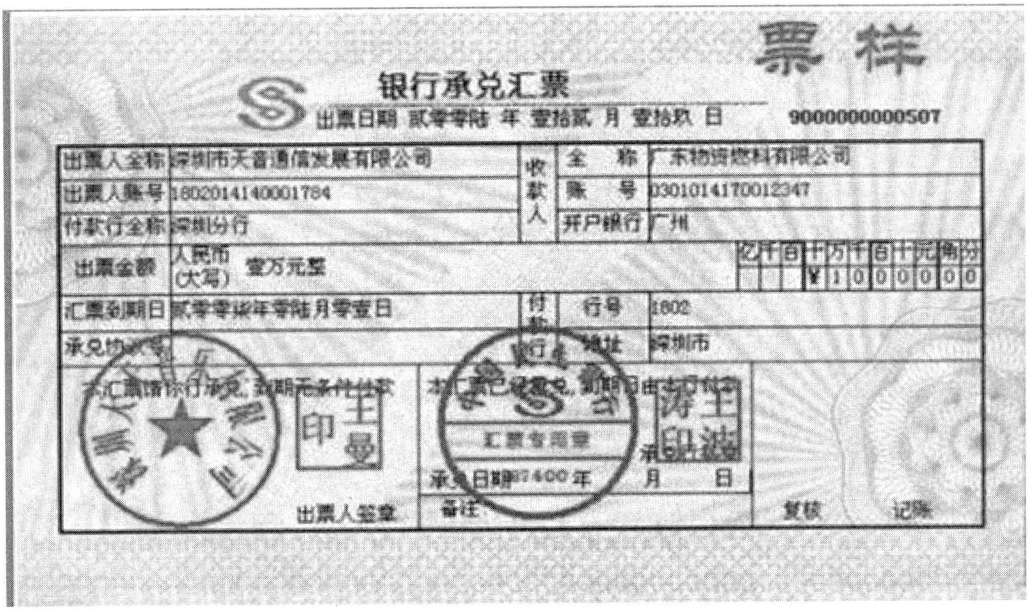

票样

银行承兑汇票

出票日期 贰零零陆 年 壹拾贰 月 壹拾玖 日　　9000000000507

出票人全称	深圳市天音通信发展有限公司	收款人	全　称	广东物资燃料有限公司
出票人账号	1802014140001784		账　号	0301014170012347
付款行全称	深圳分行		开户银行	广州
出票金额	人民币（大写） 壹万元整		亿千百十万千百十元角分	¥1000000
汇票到期日	贰零零柒年零陆月零壹日	付款行	行号	1802
承兑协议号			地址	深圳市

汇票专用章

承兑日期　年　月　日

出票人签章　备注　复核　记账

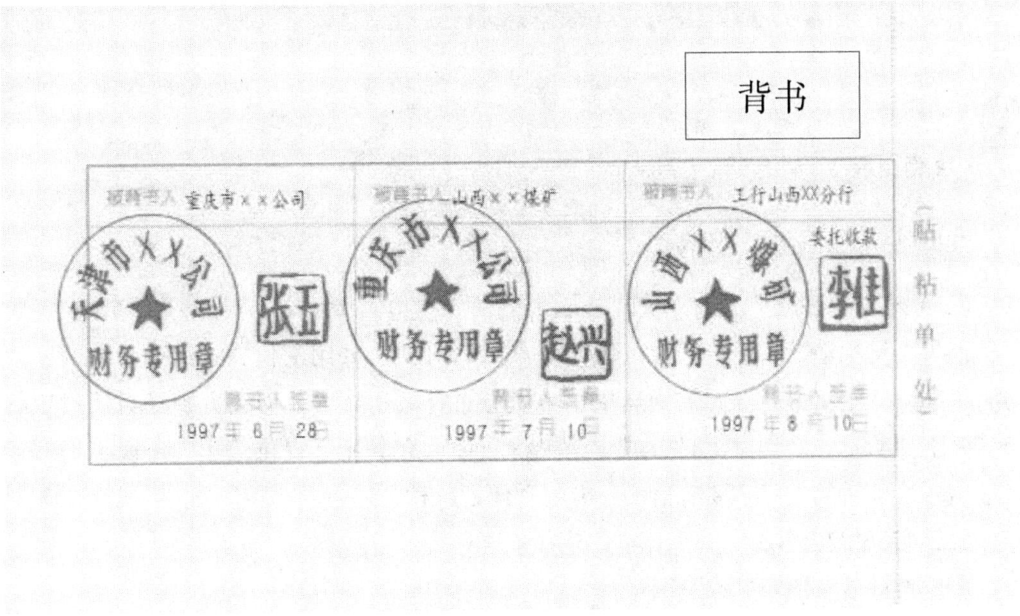

背书

被背书人 重庆市××公司	被背书人 山西××煤矿	被背书人 工行山西XX分行
天津市××公司 财务专用章 张五	重庆市××公司 财务专用章 赵兴	委托收款 山西××煤矿 财务专用章 李佳
背书人签章 1997年6月28日	背书人签章 1997年7月10日	背书人签章 1997年8月10日

（贴粘单处）

第三节　汇付、托收结算方式

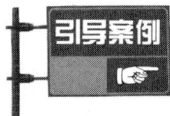

引导案例

我国 A 服装出口公司与澳大利亚一家著名的女装批发 B 公司长期保持合作，B 公司在澳大利亚纺织业有较高的声誉，几年来和中国的贸易额一直处于稳定发展的阶段。由于和 B 公司长期合作，A 公司认为其信誉良好，就对小额订单放松了监管。采用装运前预付 20％，余 80％ 为装货后 90 天付款。几年下来，B 公司累计有 60 万美元的货款没有按时支付。

案例讨论

1. 你认为 A 公司应该怎么办？

----

2. A 公司的结算方式有什么缺陷？

技能提示

一、汇付结算方式

（一）汇付的概念

汇付，又称汇款，是最简单的国际货款结算方式。采用汇付方式结算货款时，卖方将货物发运给买方后，有关货运单据由卖方自行寄送买方；而买方则径自通过银行将货款汇交给卖方。汇付支付方式中，银行只提供服务而不提供信用，所以汇付属于商业信用。汇付的方式主要有信汇、电汇和票汇三种。

（二）汇付的当事人

汇付业务涉及的当事人有四个：

1. 汇款人。在进出口贸易中，汇款人通常是进口人。

2. 收款人。在进出口贸易中，收款人通常是出口人。

3. 汇出行。汇出行是受汇款人的委托汇出款项的银行，通常是进口地银行。

4. 汇入行。汇入行是受汇出行的委托解付汇款的银行，通常是出口地银行。

（三）汇付当事人之间的法律关系

其中汇款人（通常为进口人）与汇出行（委托汇出汇款的银行）之间订有合约关系，汇出行与汇入行（汇出行的代理行）之间订有代理合约关系。

在办理汇付业务时，需要由汇款人向汇出行填交汇款申请书，汇出行有义务根据汇款申请书的指示向汇入行发出付款书；汇入行收到会计委托书后，有义务向收款人（通常为出口人）解付货款。

二、托收结算方式

（一）托收的概念

托收是出口人在货物装运后，开具以进口方为付款人的汇票（随附或不随附货运单据），委托出口地银行通过它在进口地的分行或代理行代出口人收取货款的一种结算方式。属于商业信用，采用的是逆汇法。

基本做法：由出口人根据发票金额开出以进口人为付款人的汇票，向出口地银行提出托收申请，委托出口地银行（托收行）通过它在进口地的代理行或往来银行代向进口人收取货款。

（二）调整托收的法律

国际商会在总结国际惯例的基础上于 1958 年制定和公布了《商业单据托收统一规则》，该规则于 1967 年进行了修订，1978 年国际商会将其改名为《托收统一规则》。1995 年国际商会公布了新修订的《托收统一规则》，又称 522 号出版物。该规则属于国际惯例，在国际贸易中已得到了广泛的承认和使用。

（三）托收的当事人

托收方式的当事人有委托人、托收行、代收行、提示行和付款人。

1. 委托人。开出汇票委托银行向付款人收款的人，通常是进出口贸易中的出口方。

2. 付款人。汇票的付款人，通常是进出口贸易中的进口方。

3. 托收行。接受委托人的委托，为其办理托收业务的银行，通常是出口方所在地的银行。

4. 代收行。接受托收行的委托，向付款人收款的银行。通常是进口方所在地的银行。

5. 提示行。向付款人提示跟单汇票的银行，通常与付款人有往来账户关系，可由代收行兼任。

（四）托收当事人之间的法律关系

1. 委托人与托收行之间是委托关系。委托人在委托银行代为托收时，须填写一份托收委托书，规定托收的指示及双方的责任，该委托书即成为双方的代理合同。

2. 托收行与代收行之间是委托关系。其之间的代理合同由托收指示书、委托书以及由双方签订的业务互助协议等组成。

3. 委托人与代收行之间不存在直接的合同关系。尽管托收行是委托人的代理人，代收行又是托收行的代理人，但依代理法的一般原则，在委托人与代收行之间并没有合同关系。

4. 代收行与付款人之间没有法律上的直接关系，付款人是否付款依其对托收票据的付款责任。

课堂案例 5 - 3

3 月 23 日，国内 A 公司同南美客商 B 公司签订合同，由 A 公司向 B 公司出口货物一批，双方商定采用跟单托收结算方式了结贸易项下款项的结算。A 公司的托收行是中国银行，南美代收行是南美银行，具体付款方式是 D/P 90 天。但是到了规定的付款日，对方毫无付款的动静。经查证，全部单据已由 B 公司承兑汇票后，由代收行南美银行放单给 B 公司。

请问：

1. 以上案例中，D/P 90 天是什么意思？

_____

_____

2. 代收行南美银行放单给 B 公司的做法是否正确？

_____

_____

😊 **学习感悟**

通过本节课的学习，我了解了 _____，

学会了 _____，

我印象最深的是 _____。

📖 **实例应用**

1. 汇付的方式有（　　　）。

　　A. 信汇　　　　　　B. 电汇　　　　　　C. 票汇　　　　　　D. 邮汇

2. 我某外贸公司与某国 A 商达成一项出口合同，付款条件为 D/P 45 天付款。当汇票及所附单据通过托收行寄抵进口地代收行后，A 商及时在汇票上履行了承兑手续。货抵目的港时，由于用货心切，A 商出具信托收据向代收行借得单据，先行提货转售。汇票到期时，A 商因经营不善，失去偿付能力。代收行以汇票付款人拒付为由通知托收行，并建议由我外贸公司直接向 A 商索取货款。

请问：

（1）该代收行可否拒付？为什么？

（2）我国外贸公司应该怎么办？

🎓 **知识链接**

托收凭证

中 国 工 商 银 行 托 收 凭 证 (第　联)　1

委托日期：2010年05月03日　　　　　票据号码：4215

业务类型	委托收款（　邮划　电划）　　托收承付（　邮划　√电划）		
付款人 全称	江平机械有限责任公司	收款人 全称	东方股份有限公司

帐号	C0022713559	帐号	330118060032591
地址	江苏省江平市/县　开户行　望江支行	地址	浙江省滨江市/县　开户行　高新支行

委托款项：人民币壹拾万零贰佰捌拾元整（大写）

¥ 1 0 0 2 8 0 0 0（亿千百十万千百十元角分）

款项内容　货款　　委托收款凭证名称　合同及发票　　所寄单证张数　2

商品发运情况　已发运　　合同名称号码　购销合同 2010-09-78

收款人 行号　115

（此联为回单，由收款人开户银行审查无误后加盖业务专用章退给收款人）

第四节　信用证结算方式

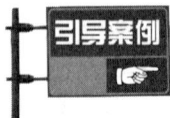

我国甲公司从外国乙公司进口一批小家电产品，货物分两批装运，支付方式为不可撤销议付信用证，每批分别由中国银行某分行开立一份信用证。第一批货物装运后，卖方在有效期内向银行交单议付，议付行审单后，未发现不符点，即向该公司议付货款，随后中国银行对议付行作了偿付。甲公司在收到第一批货物后，发现货物品质不符合合同规定，进而要求中国银行对第二份信用证项下的单据拒绝付款。

案例讨论

1. 中国银行是否会按照甲公司的要求去做？

----

2. 为什么？

技能提示

一、信用证的概念

信用证（letter of credit，简称 L/C）是开证银行应开证申请人的要求和指示，或开证行以自身的名义，向受益人开立的具有一定金额，在一定期限内凭规定的单据实现支付的书面保证文件。简而言之，信用证是银行开立的有条件的保证付款的文件。

二、调整信用证的主要法律

国际商会在 2006 年对《跟单信用证统一惯例》进行了最新的修订，简称为《UCP600》，并于 2007 年 7 月 1 日开始实施。《UCP600》虽然是国际惯例，但是已被各国银行普遍接受。在我国对外贸易中，如果采用信用证方式支付货款，多会加注"除另有规定外，本证根据国际商会《跟单信用证统一惯例》即国际商会 600 号出版物办理"。

三、信用证结算法律关系中的当事人

信用证业务中有六个基本当事人：开证申请人、开证行、受益人、通知行、议付行和付款行。

1. 开证申请人。指向银行申请开具信用证的人，是国际贸易中的货币债务人，即进口商。

2. 开证行。应开证申请人的要求为其开立信用证的银行，一般是进口国银行。

3. 受益人。信用证上指定的有权使用信用证的人，他是国际贸易中的货币债权人，即出口商。

4. 通知行。指受开证行的委托，将信用证通知受益人的银行。一般在出口地所在国家，通常是开证行在该国的代理银行。

5. 议付行。开证行授权其付款、承担延期付款责任、承兑汇票或议付的银行。

6. 付款行。指信用证上指定付款的银行，可以是开证行或其代理行。

四、信用证当事人之间的法律关系

1. 在开证申请人与受益人之间，存在着合同关系。这种合同关系在国际货物买卖交易中，即是双方订立的货物买卖合同关系。

2. 在开证申请人与开证行之间，存在着以开证申请书为证明和依据所建立的合同关系。根据这种合同关系，开证行接受开证申请书以后，即应按照开证申请书的要求开立信用证，并承担支付信用证项下款项的义务。

3. 在开证行与通知行之间，存在着委托代理关系。在信用证交易中。开证行一般都通过受益人所在地的往来银行把信用证转交给受益人。

4. 在通知行与受益人之间不存在合同关系。通知行的责任是根据其与开证行之间的委托关系，把开证行开出的信用证通知受益人。

5. 在开证申请人与通知行之间亦不存在合同关系。通知行仅仅是根据其与开证行之间的委托关系行事。

课堂案例 5 - 4

我国某出口公司收到一份国外开来的不可撤销信用证，出口公司按信用证的规定将货物装运出去后，但在尚未将单据送交当地银行议付之前，突然收到开证行通知，称开证申请人已经倒闭，因此开证行不再承担付款责任。

请问：

1. 开证行是否可以不再承担付款责任？

----

2. 为什么？

😊 学习感悟

通过本节课的学习，我了解了 _____ ，
学会了 _____ ，
我印象最深的是 _____ 。

📖 实例应用

1. 在信用证业务中，银行的责任是：（ ）

   A. 只看单据，不看货物

   B. 既看单据，又看货物

   C. 只管货物，不看单据

2. 当出口人按信用证规定向开证银行要求付款时，开证银行在（ ）履行付款义务。

   A. 征得进口人同意后   B. 货物到达后

   C. 货物检查合格后   D. 单证相符条件下

3. 上海 A 出口公司与香港 B 公司签订一份买卖合同，合同规定："商品均以三夹板箱盛放，每箱净重 10 公斤，两箱一捆，外套麻包。"香港 B 公司如期通过中国银行香港分行开出不可撤销跟单信用证，信用证中的包装条款为："商品均以三夹板箱盛放，每箱净重 10 公斤，两箱一捆。"对于合同与信用证关于包装的不同规定，A 公司

保证安全收汇，只装箱打捆，没有外套麻包。该批货物如期抵达香港。A 公司持全套单据交中国银行上海银行办理收汇，该行单据审核后未提出任何异议，中国银行上海分行将全套单据寄交开证行，开证行也未提出任何不同意见。但货物运出之后的第一天起，B 公司数次来函，称包装不符合合同要求，重新打包的费用和仓储费应由 A 公司负担，并进而表示了退货主张。

请问：B 公司能否退货？为什么？

知识链接

影响国际结算方式选择的主要因素

在实际业务中，除了考虑基本国际结算方式自身特点外，选择具体的结算支付方式还应考虑以下五种因素：

1. 客户信用

具体地讲，如果客户的信用等级很一般或是贸易双方是首次进行交易，应该选用 L/C 的方式；如果客户的信用等级较高，可以选用托收的方式，特别是用 D/P，就可以达到既节省开证费，也可以在一定程度上把握物权凭证的安全性的目的；如果客户的信用等级非常高，就可以选用 D/A 甚至是直接 T/T 的方式，这也是目前在西方国家的进出口贸易中大量使用 T/T 的根本原因之一。

2. 经营意图

具体地讲，如果是畅销的货品，卖方就有很大的余地选择对自身有利的支付方式，也许甚至要求买方预付货款，也可能要求买方必须用 L/C 的形式进行结算，否则，就以提高售价来威胁对方，逼迫买方做出妥协和让步；如果是滞销的货品，那极有可能会答应进口人的要求，选择一种节省进口总费用的支付方式，这时，出口方可能会违心地接受对自己的利益保障程度很小的支付方式。

3. 贸易术语

贸易术语的选用和合同金额的高低对支付方式的选择也有很大的影响。具体地讲，对于象征性交货组中的 CIF 和 CFR，就可以选用托收和 L/C 的方式；而对于 EXW 和实际交货的 D 组术语，一般就不会采取托收的形式进行结算；对于 FOB 和 FCA 等术语，由于运输的事宜是由买方安排，出口人很难控制货物，所以在一般情况下也不会选择托收的方式。另外，合同金额如果不大，也就经常会考虑和选择速度较快、费用低廉的 T/T 方式了。

4. 运输单据

运输单据种类的不同也是导致不同支付方式的重要原因。国际结算中所涉及的运输单据，有些属于物权凭证，有些则是非物权凭证，不同性质的运输单据对于支付方式的选择也有一定程度的影响。对于海运提单、联合运输单据等代表物权凭证的单据，控制提单就等于控制货物所有权，交单等于交货，在实务中则有利于单据交易，所以对于卖方则可选择信用证方式甚至 D/P 托收方式收取款。但在空运、公路/铁路运输邮寄等运输单据项下，以及以记名抬头的海运单这些非物权凭证的运输单据下，则不利于单据交易，特别是 D/P 托收方式下，由于没有银行信用作付款保证，更有钱货两空的极大风险。

5. 财务成本

国际贸易中的成本由很多因素构成，如商品制造或购买成本、运输成本、保险成本等，在现代国际金融体系下，结算成本也是其中因素之一。如果只有一种结算方式，因无法比较，可以说不存在结算成本问题。但当有多种结算方式供选择时，在不同结算方式的比较中就会产生贸易结算成本的概念。例如，因支付方式的改变，导致了交易中某一方财务费用的增加，或者导致了使用第三者（一般是银行）费用的增加等。

第六章

关于国际货物运输的主要法律规定

本章以阐述国际海上货物运输法为主，同时介绍国际航空货物运输法、国际铁路货物运输法及国际多式联运法等相关法律法规。

技能目标

1. 利用相关法律解释有关国际货物运输的案例。
2. 在实践中能够理解和运用有关国际货物运输的国际条约和惯例。

知识目标

1. 掌握提单的基本知识、有关提单的国际公约及托运人和承运人的权利和义务。
2. 熟悉国际铁路货物运输、国际航空货物运输和国际多式联运的相关国际条约及托运人和承运人的权利和义务。

重点难点

1. 调整提单运输的国际公约。
2. 《联合国国际货物多式联运公约》的基本内容。

第一节　国际海上货物运输法

引导案例

某货轮运送一批水泥，因装船时船员没有把出入通道的舱盖盖好，在航行过程中海水进入舱内，使水泥受损。货方提出索赔，但遭到船方拒绝。船方拒赔的理由是提单条款规定："船长、船员、引水员或承运人的受雇人，在航行或管理船舶中的行为、疏忽或不履行义务所造成的货物灭失或损坏，船方不负责"，最后货方向法院起诉。

案例讨论

1. 船方以上述提单条款为由拒赔是否有理？

----

2. 船舶货舱舱盖没有盖好是"船舶管理"还是"货物管理"上的疏忽或过失？

技能提示

一、国际海上货物运输法概述

（一）国际海上货物运输的概念

国际海上货物运输，是指承运人收取运费，使用船舶负责将托运人托运的货物经由海路从一国的港口运至另一国的港口。

海上货物运输与陆路运输、航空运输相比，具有运输数量大、运输成本低等优势，因此海上货物运输在国际货物运输中占有相当重要的地位和作用。

（二）调整提单运输的国际公约

目前，国际上调整提单运输的公约有三个：《海牙规则》、《维斯比规则》和《汉堡规则》。我国目前尚未加入这三个公约，但在1992年11月7日通过的《海商法》中，有关海上货物运输合同当事人的权利义务的规定与《海牙规则》和《维斯比规则》中的很多原则是完全一致的，并适当吸收了《汉堡规则》的某些规定，因此这三个公约对我们了解国际海上货物运输法律具有重要意义。

1. 《海牙规则》。1921 年国际法协会在海牙召开会议制定海牙规则，1924 年，布鲁塞尔会议上对其作了一些修改，正式定名为《关于统一提单的若干法律规则的国际公约》，通称为 1924 年海牙规则，1931 年生效，目前有 87 个成员。《海牙规则》侧重保护的是船东利益。

2. 《维斯比规则》。1968 年国际法协会在布鲁塞尔制定了《修订统一提单法规国际公约的议定书》，简称《维斯比规则》。该规则对《海牙规则》做了细小的修改，其国际影响力不大。

3. 《汉堡规则》。由于发展中国家的斗争和要求，1978 年联合国贸易会议主持制定了《汉堡规则》，全称为《联合国海上货物运输公约》。该公约在有 20 个国家批准后一年届满的次月第一日起生效。目前已有 20 个缔约国，于 1992 年 11 月 1 日生效。

以上三个国际公约仅适用于班轮运输（即提单运输），而调整租船运输的主要是各国国内民商法。但是《汉堡规则》第 2 条第 3 款的规定："如果提单是依据租船合同签发的，并制约承运人和不是租船人的提单持有人之间的关系，则本公约的各项规定适用于该提单。"

二、国际海上货物运输合同

国际海上货物运输合同是托运人按合同约定支付运费，承运人将指定的货物从一港运输到另一港的跨国性合同。

根据运输种类的区别，国际海上货物运输合同分为班轮运输合同和租船运输合同。对班轮运输而言，承运人签发的提单载明了较为详细的运输条款，具体规定了当事人的权利与义务，因此实践中一般很少另行订立书面运输合同；而对于租船运输而言，因为缺少类似提单这样的标准合同条款，双方需要在合同中具体约定各自的权利与义务，因此需要订立运输合同。

（一）班轮运输合同

在班轮运输中当事人的基本义务和责任是由提单条款加以规定的。由于目前大多数国家已采用《海牙规则》，关于这方面的法律已基本上趋于统一。现以《海牙规则》为主，适当对照《维斯比规则》和《汉堡规则》及我国《海商法》的有关规定，对提单当事人的基本义务和责任介绍如下：

1. 承运人的基本义务

根据《海牙规则》的规定，承运人的基本义务有以下两项：

（1）提供适航船舶

《海牙规则》第 3 条第 1 款规定："承运人在开航前或开航时必须谨慎处理以便①使船舶具有适航性；②适当地配备船员、设备和船舶供应品；③使货舱、冷藏舱和该船其他运载货物的部位适宜并能安全地收受、运送和保管货物。"

《海牙规则》要求承运人谨慎处理使船舶适航的时间是在船舶开航之前和开航当时。还应当指出的是，货物损坏与不适航之间要有因果关系，承运人才承担赔偿责任。如果两者之间没有因果关系，即使承运人没有履行此项义务，承运人也毋须承担赔偿责任。

（2）合理管理货物

按照《海牙规则》第 3 条第 2 款的规定，承运人应适当和谨慎地装载、搬运、记载、运输、保管、照料和卸载所运货物，如果因其疏忽或过失造成货损，则承运人应负赔偿责任。适当和谨慎义务是《海牙规则》所规定的有关承运人义务的最低要求，具有强制性。

在正常情况下，承运人应将货物运至约定的目的港交给收货人。但是，如果目的港发生战争、封锁、瘟疫、罢工、冰冻或者承运人无法控制的其他情况，使船舶不能驶入原定的目的港时，船长有权把船舶驶到附近的安全港口卸货，并通知收货人，即可认为承运人已履行其交货义务。

2. 承运人的免责事项

《海牙规则》第 4 条第 2 款规定了承运人在以下情况可以免责：

（1）承运人对船长、船员、引水员或承运人的雇佣人员在航行或管理船舶中的行为、疏忽或不履行义务不承担责任

与《海牙规则》规定的承运人在开航前或开航时恪尽职守使船舶适航的义务相一致，承运人对船长和船员在开航后船舶操作中的疏忽和过失可以享受免责；船长、船员在管理船舶中的行为、疏忽、不履行义务是和承运人的管货义务相对应的，对船长、船员管船中的过失，承运人可以免责。

（2）火灾

在航行中，若船上发生火灾，可以免除承运人的责任，只要这种火灾不是因承运人的实际过失或私谋引起的。例如，船员在船上吸烟导致火灾，承运人可以免责；如果是因承运人违反开航时或开航前船舶适航义务或由承运人指使、纵容引起火灾，则承运人要承担责任。

（3）海难

海难是指海上或其他通航水域的灾难、危险和意外事故，超出了一艘在开航前或

开航时适航的船舶在预订航线上所能抵御的一般风浪的限度。

另外，承运人免责的事由还有如：天灾；战争；公敌行为；君主、统治者或人民的管制和依法扣押；检疫限制；托运人或者货主或其代理人或代表的行为或不行为；罢工；暴动和骚乱；救助或企图救助海上人命或财产；货物的固有缺陷；包装缺陷；标志不清或不当；船舶的潜在缺陷；承运人或其代理人或其他雇员无过失或私谋的其他任何原因。

3. 承运人的责任期限

《海牙规则》规定，承运人对所运货物的责任期限是从货物装上船时起到卸下船时止。这一规定对承运人有利。《汉堡规则》将承运人的责任期限延伸为从承运人收受货物时起直到交付货物时为止，包括了从启运港至目的港的全部期间。这一规定，加重了承运人的责任，有助于消除装货前和卸货后对货物无人负责的现象，对货主有利。

4. 承运人的赔偿责任限制

承运人的赔偿责任限制是指承运人的赔偿限额。

按照《海牙规则》的规定，每件货物或每一计费单位的货物的损坏或灭失，其最高的赔偿额以 100 英镑为限，但托运人在装船前已就该项货物的性质和价值提出声明并已列入提单者，可不在此限。

《维斯比规则》采用双重责任限额制。即承运人对于未申报价值的货物，其灭失或损害的最高赔偿限额为每件或每单位 10000 金法郎或每公斤 30 金法郎，二者以高者计。金法郎是指一个含有纯度为千分之九百的黄金 65.5 毫克的单位。

《汉堡规则》规定，以灭失或损坏的货物每件或每一货运单位相当于 835 特别提款权[①]或毛重每公斤 2.5 特别提款权的数额为限，以高者为准。承运人对延迟交付的赔偿责任，以相当于该延迟交付货物应支付运费的 2.5 倍的数额为限，但不得超过海上货物运输合同规定的应付运费总额。这比《维斯比规则》规定的限额约提高了 25%。

我国《海商法》规定承运人对货物的灭失或者损坏的赔偿限额，按照货物件数计算，每件为 666.67 个特别提款权，或者按照货物毛重计算，每公斤为 2 个特别提款权，以较高限额为准。

5. 托运人的基本义务

（1）按合同约定提供托运的货物，并对货物情况作正确陈述。托运人应妥善包装

---

① 特别提款权（Special Drawing Right, SDR）是国际货币基金组织创设的一种储备资产和记账单位。它是基金组织分配给会员国的一种使用资金的权利。会员国在发生国际收支逆差时，可用它向基金组织指定的其他会员国换取外汇，以偿付国际收支逆差或偿还基金组织的贷款，还可与黄金、自由兑换货币一样充当国际储备。但由于其只是一种记账单位，不是真正货币，使用时必须先换成其他货币，不能直接用于贸易或非贸易的支付。因为它是国际货币基金组织原有的普通提款权以外的一种补充，所以称为特别提款权。

货物，及时送到承运人指定的地点，并向承运人保证货物装船时所提供的货物品名、标志、包数或件数、重量或体积的准确性，同时应把这些资料连同装运港和目的港名称及收货人的名称在提单上填写清楚。

（2）托运人应当及时向港口、海关、检疫、检验和其他主管机关办理货物运输所必需的各项手续，并将已办理各种手续的单证送交承运人；倘若托运人没有及时办妥这些手续，并把它们送交承运人，或送交的单证不齐全、不准确，致使船舶不能出港或不能及时出港，造成延滞或其他损失，托运人应对此负赔偿责任。

（3）按合同规定及时支付运费和其他费用。

课堂案例 6-1

甲国买方 A 公司从乙国卖方 B 公司购买了一套设备，分别装于 58 只木箱中，委托 C 公司用海轮运回。船长在货物装船后签发了清洁提单。船到甲国港口卸货前，经收货人和承运人在货舱内对货物进行清点后，发现共有 18 箱设备因为倾斜移位撞击而受到不同程度的损坏。收货人认为，货物损坏的原因是承运人的配载不当，因此，承运人应当赔偿收货人的损失；而承运人则认为货物损坏的原因是由于包装不善，而且船舶在航运中又遇到了恶劣的气候，因此，承运人不应当承担赔偿责任。经查阅航海日记，了解到该船在航行中确实遇到了 8 级风浪（属常见自然现象，可视为一般风险）。

请问：

1. 船方 C 公司是否应该赔偿 A 公司的损失？

2. 为什么？

（二）租船运输合同

班轮运输一般由提单条款来确定当事人的权利和义务，而租船运输则需要双方当事人另行协商，订立租船运输合同。

1. 租船运输合同的概念

租船运输合同是指出租人与承租人之间关于租赁船舶所签订的一种海上运输合同。在国际贸易中，当出口人或进口人需要运输大宗货物时，一般都采用租船运输合同的方式进行运输。

关于租船运输合同的内容，可以由出租人与承租人双方自行商定，不受《海牙规则》各项规定的限制。但对于参加《海牙规则》的国家来说，对租船运输合同项下签发的，应适用《海牙规则》的有关规定。

2. 租船运输合同的种类

（1）航次租船合同

航次租船合同是指出租人（即船舶所有人）将船舶租给承租人，按照约定的一个航次或几个航次运输货物，而由承租人支付约定运费的运输合同。按照这种合同，出租人保留船舶的所有权和占有权，并由其雇用船长和船员，船舶仍由出租人负责经营管理，承租人不直接参与船舶的经营事宜。

（2）定期租船合同

定期租船合同是指出租人提供约定的配备船员、设施的船舶，由承租人在约定的时间内依约定的用途使用，并支付租金的运输合同。按照这种合同，在租用期间，出租人仍保留船舶的所有权和占有权，并负责保持船舶的工作效能，以及支付船长、船员的工资和给养。至于船舶的经营以及由经营所直接产生的费用，则由承租人负责。

（3）光船租赁合同

光船租赁合同又称空船租赁合同，是指船舶所有人保留船舶所有权，而将船舶的占有权移转给租船人，由租船人雇用船长、船员来管理船舶的一种合同。

三、海上货物运输中的索赔与诉讼

（一）索赔

《海牙规则》规定，如果货物发生灭失或损坏，有提货权的人在提货时应就此向承运人发出书面通知，倘若货物的灭失不显著，可在 3 天之内提出书面异议，否则这种提货便成为承运人已按提单规定交货的证据。《汉堡规则》把提货人向承运人发出货损通知的期限从 3 天延长到 15 天。需要说明的是，即使收货人没有按期把货损情况通知承运人，他也不会因此丧失索赔的权利，但需承担举证责任。我国《海商法》把收货人向承运人发出货损通知的时间定为从交货次日起的 7 日内，如果是运送集装箱物，则为 15 日，但这仅适用于货物灭失或损坏的情况非显而易见的情形。

（二）诉讼

1. 诉讼管辖

《海牙规则》和我国《海商法》对此未做明确规定。在我国的司法实践中，此类纠纷按《民事诉讼法》有关规定处理。而《汉堡规则》规定，原告可以从被告的主营业所或惯常居所、合同订立地、装货港、卸货港、运输合同中指定的任何地点中选择起诉地点。

2. 诉讼时效

《海牙规则》规定："除非从货物交付之日或应交付之日起一年内提出诉讼，承运人和船舶在任何情况下都应被免除对于灭失或损害所负的一切责任。"《汉堡规则》规定的诉讼时效为 2 年。我国《海商法》第 257 条规定："请求赔偿的时效期间为 1 年，自承运人交付或应当交付货物之日起计算；在时效期间内或者时效期间届满后，被认定为负有责任的人向第三人提起追偿请求的，时效期为 90 日，自追偿请求人解决原赔偿请求之日起或者收到受理其本人提起诉讼的法院的起诉状副本之日起计算；有关航次租船合同的请求权，时效期间为 2 年，自知道或应当知道权利被侵害之日起计算。"

课堂案例 6 - 2

2007 年 10 月 10 日，中国某公司向欧洲出口啤酒花一批，货物由中国人民保险公司承保，由"罗尔西"轮承运。船方在收到货后签发了清洁提单。货于 2007 年 12 月 10 日到达目的港，货到目的港后发现啤酒花变质，颜色变成深棕色。经在目的港进行的联合检验，发现货物外包装完整，无受潮受损迹象。经分析认为该批货物是在尚未充分干燥或湿度过高的情况下进行的包装，以致在运输中发酵造成变质。

请问：

1. 就以上损失，收货人最晚可以在什么时候以谁为被告要求其承担责任？

2. 为什么？

☺ **学习感悟**

通过本节课的学习，我了解了＿＿＿＿＿＿＿＿＿＿＿＿＿＿＿＿＿＿＿＿＿＿＿，
学会了＿＿＿＿＿＿＿＿＿＿＿＿＿＿＿＿＿＿＿＿＿＿＿＿＿＿＿＿＿＿＿＿＿，
我印象最深的是＿＿＿＿＿＿＿＿＿＿＿＿＿＿＿＿＿＿＿＿＿＿＿＿＿＿＿。

📖 **实例应用**

1. 中国甲轮船将一批饲料从日本东京运至中国威海港，甲船到达目的港后，发现

所载饲料因发霉受损，经检验，饲料发霉是由于海上风浪过大，海水浸泡所致。

请问：

（1）承运人是否需对此损失承担责任？

（2）为什么？

----

2. 中国甲公司与日本乙公司于 2005 年 4 月签订了购买 3500 吨钢材的合同，由中国远洋公司负责派船将该批货物从日本神户运至宁波，货物在海上运输途中遇到小雨，因货舱没有盖严，致使部分货物生锈。

请问：

（1）该批生锈货物的损失由谁承担责任？

（2）为什么？

知识链接

国际海上货物运输的种类

1. 班轮运输

班轮运输又称定期运输，是指承运人接受众多托运人的托运将属于不同托运人的多批货物装于同一船舶，按既定的航线和航期，以既定的港口顺序，经常地航行于各港口之间，并按固定标准收取运费的运输方式。班轮运输主要承运价值较高的货物，而且多是零货、杂货，所以又称件杂货运输。

2. 租船运输

租船运输又称不定期船运输，是区别于定期船运输（班轮运输）的另一种海上运输方式。通过出租人和承租人之间签订运输合同或者船舶租用合同进行货物运输的基本营运方式。出租人提供船舶的全部或者部分舱室给承租人使用，具体的责任、义务、费用、风险等，均由双方在租船合同中商定。

租船运输没有固定的船期、航线、港口和航行日期，可根据货源的情况决定去向。运费或租金随各地区、各个不同时期的市场行情而定。这种运输方式主要适用于运输大宗或散装货物。

第二节 国际铁路货物运输法

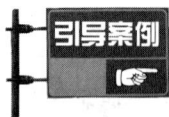

引导案例

货主 A 公司有一批服装需从满洲里通过铁路出运到蒙古，A 公司委托国内 B 货运代理公司办理运输。B 公司接受委托后，出具自己的全程运单给货主。A 公司凭此到银行结汇，并将运单转让给蒙古 D 贸易公司。B 公司又以自己的名义向国内铁路公司 C 订车。货物装车后，C 公司签发铁路运单给 B 公司，上面注明运费预付，收发货人均为 B 公司，但 C 公司并没有收到运费。后来，货物在运输途中遭到污损。C 公司向 B 公司索取运费，遭到拒绝，理由是运费应当由 A 公司支付，其只不过是 A 公司的代理人，且 A 公司也未支付运费给他们。A 公司向 B 公司索赔货物损失，遭拒绝，理由是其没有诉权。D 公司向 B 公司索赔货物损失，同样遭到拒绝，理由是货物的损失是由 C 公司造成的，应由 C 公司承担责任。

案例讨论

1. 本案中 B 公司相对于 A 公司而言是何身份？

----

2. B 公司是否应向 C 公司支付运费？为什么？

----

3. D 公司是否有权向 C 公司索赔货物损失？为什么？

技能提示

一、国际铁路货物运输法概述

国际铁路货物运输是指两个或两个以上的国家之间根据铁路联运协定，使用一份统一的铁路运单办理全程运输，由一国铁路向另一国铁路移交货物，不需要发货人参与的联合运输方式。

目前，关于国际铁路货物运输的公约有两个：

1.《国际货约》

全称为《关于铁路货物运输的国际公约》，1961 年在伯尔尼签字，1975 年 1 月 1 日生效。其成员国包括了主要的欧洲国家，如法国、德国、比利时、意大利、瑞典、瑞士、西班牙及东欧各国，此外，还有西亚的伊朗、伊拉克、叙利亚、西北非的阿尔及利亚、摩洛哥、突尼斯等共 28 国。

2.《国际货协》

全称为《国际铁路货物联合运输协定》，1951 年在华沙订立，我国于 1953 年加入。现行的是 1974 年 7 月 1 日生效的修订本，其成员国主要是原苏联、东欧加上我国、蒙古、朝鲜、越南共计 12 国。

《国际货协》中的东欧国家（如保加利亚、匈牙利、罗马尼亚、波兰等）同时又是《国际货约》的成员国，这样《国际货协》国家的进出口货物可以通过铁路转运到《国际货约》的成员国去，这为沟通国际铁路货物运输提供了更为有利的条件。

我国是《国际货协》的成员国，凡经由铁路运输的进出口货物均按《国际货协》的规定办理。

二、《国际货协》的主要内容

（一）国际铁路运输合同的订立

《国际货协》第六条、第七条规定，托运人在托运货物的同时，应对每批货物按规定的格式填写运单和运单副本，由托运人签字后向始发站提出。从始发站在运单和运单副本上加盖印戳时起，运输合同即告成立。

铁路货物运输单证（简称运单）是铁路承运人收取货物、承运货物的凭证，也是在终点站向收货人核收运杂费用和点交货物的依据。与提单及航运单不同，运单作为货物权利凭证但不能转让。运单副本在加盖印戳后退还托运人，并成为买卖双方结清货款的主要单据。

（二）国际铁路运输合同当事人的基本权利和义务

1. 发货人、收货人的基本权利和义务

基本权利：

（1）发货人和收货人有变更运输合同的权利，但只能各自变更一次。发货人可以在发货站领回货物，变更到达站，变更收货人，将货物发还发货站。收货人可以在到达国范围内变更货物的到站，变更收货人。

（2）在终点站凭运单领取货物。收货人只有当货物因毁损或腐坏而使其质量发生变化，以致部分或全部货物不能按原用途使用时，才可以拒绝领取货物，并按规定向铁路方面索赔。

基本义务：

（1）发货人应对他在运单中所记载和声明事项的正确性负责。由于记载和声明事项不正确、不准确或不完备，以及由于未将上述事项记入运单相应栏内而发生的一切后果，发货人均应负责，并按协定规定承担罚款。

（2）发货人提交的货物必须具有符合要求的包装和标记。标记应包括下述主要内容：每件货物的记号（标记）和号码；发送路和始发站；到达路和到站；发货人和收货人；零担货物件数。

（3）发货人还必须将货物在运输途中为配合海关和其他规章的检查所需要的添附文件附在运单上。发货人如未履行此项规定，始发站可以拒绝承运货物。由于没有添附文件或文件不齐全、不正确而产生的后果，发货人应对铁路负责。

（4）缴付运费。发货人和收货人应按协定规定的运费计算办法和支付方式缴付运送费用。运送费用通常包括货物运费、押运人乘车费、杂费和运送的其他费用。

2. 铁路方面的基本权利和义务

基本权利：

（1）收取运送费用和其他费用。收货人非法拒绝领取货物时，铁路方面可按规定向其收取罚款。

（2）对货物的留置权。当货方无理拒付运费和其他合理费用时，铁路方面有权留置运送的货物，以保证铁路核收运输合同项下的一切费用。留置权的效力应根据货物交付地国家的法令和规定来确定。

（3）在有些情况下，铁路方面有权拒绝发货人变更铁路合同或延缓执行这种变更。

（4）铁路有权检查发货人在运单中所记载的事项是否正确。如果所记载的或声明的事项不正确、不准确或不完备，铁路有权核收罚款。

基本义务：

（1）把运单项下的货物运至目的站，交付给收货人。

（2）执行托运人按规章提出的变更合同的要求。如由于铁路的过失未能执行有关要求，铁路应对此后果负责。

（3）妥善保管发货人在运单内所记载并添附的文件。如由于铁路的过失而遗失，铁路应对此后果负责。

（4）铁路要对按规定条件承运的货物在责任期间发生的全部或部分灭失或毁损以及逾期运到所造成的损失负赔偿责任。

（三）索赔和诉讼

1. 索赔

发货人或收货人有权根据运输合同提出赔偿要求。赔偿请求应以书面方式提出并附证明文件，提出具体的赔偿金额。它可以由发货人向发送站提出，也可由收货人向到达站提出。

2. 诉讼

（1）起诉条件。只有当铁路全部或部分拒绝赔偿，或在180日内不做答复的情况下，有权提出索赔的人才可以提起诉讼。

（2）诉讼管辖。诉讼只能向受理索赔请求的发货站或到达站铁路所在国家有管辖权的法院提起，适用法院地诉讼程序的规定。

（3）诉讼时效。逾期交货的索赔和诉讼时效为2个月，其他如支付运费、罚款和赔偿损失的请求和诉讼为9个月。

课堂案例6-3

A国C市的甲公司委托铁路运输部门将货物于5月18日运至B国D市的乙公司，但铁路运输部门至7月18日时才将货物运抵。因此乙公司收货后向铁路运输部门提出赔偿损失的要求，铁路于9月25日表示拒绝，乙公司向到达站铁路方面所在地的法院起诉。

请问：

1. 到达站铁路方面所在地的法院可否拒绝受理此案？

----

2. 为什么？

😊 **学习感悟**

　　通过本节课的学习，我了解了 _____ ，
学会了 _____ ，
我印象最深的是 _____ 。

📖 **实例应用**

　　1. A 国甲公司将货物卖给 B 国乙公司，货物通过铁路运输，在运输途中乙公司表示不想要这批货物了，于是甲公司就将运单副本背书转让给 B 国的丁公司。货到目的地后，丁公司去提货却遭到铁路方面的拒绝。

　　请问：铁路方面是否有拒绝丁公司提货的权利？为什么？

　　2. A 国 C 市的甲公司委托铁路方面将货物运给 B 国 D 市的乙公司，后在运输途中甲公司通知铁路方面将货物运给 B 国 E 市的丙公司，铁路方面未拒绝。当火车进入 B 国后，丙公司通知铁路方面将货物运至 F 市，铁路方面予以拒绝。

　　请问：铁路方面是否有权拒绝？为什么？

🎓 **知识链接**

国际铁路运输承运人的免责规定

根据《国际货协》第二十二条的规定，在下列情况发生时，免除承运人责任：

1. 铁路不能预防和不能消除的情况；
2. 因货物的特殊自然性质引起的自燃、损坏、生锈、内部腐坏及类似结果；
3. 由于托运人或收货人过失或要求而不能归咎于铁路者；
4. 因托运人或收货人装、卸车原因造成；
5. 经发送铁路规章许可，使用微车类货箱运送货物；
6. 由于托运人或收货人的货物押运人未采取保证货物完整的必要措施；

7. 由于承运时无法发现的容器或包装缺点；

8. 托运人用不正确、不确切或不完全的名称托运违禁品；

9. 托运人在托运时需按特定条件承运货物时，未按本协定规定办理；

10. 货物在规定标准内的途耗。

根据情况推定，当货损发生可归责于上述第 1 项和第 3 项原因时，由铁路负责。若发生了除第 1 项、第 3 项以外原因时，则只要收货人或托运人不能证明是由于其他原因引起时，即应认为是由于这些原因造成的。

第三节 国际航空货物运输法

引导案例

某年 9 月，某货运代理公司空运部接受货主的委托负责将一台重 12 千克的红外线测距仪从长沙空运至香港。货运代理公司按照正常的业务程序，向货主签发了航空分运单，并按普通货物的空运费率收取了运费。由于当时长沙无直达香港的航班，所有空运货物必须在广州办理中转，为此货运代理公司委托香港 A 公司驻广州办事处办理中转。但是，由于航空公司工作疏忽，致使该货物在广州至香港的运输途中遗失。为此，双方就该货物的赔偿问题发生争执。

案例讨论

1. 本案中的货运代理公司、香港 A 公司的法律地位是什么？谁应对货物遗失承担责任？

2. 本案是否适用国际航空货运公约？为什么？

3. 货主认为应按货物的实际价值进行赔偿的主张是否有法律依据？为什么？

技能提示

一、国际航空货物运输法概述

航空运输是一种现代化的运输方式，它航行便利，运输速度快，货物在运输中受损小，近年来货运量不断增加。调整国际航空货物运输关系的法律规范的总称即为国际航空货物运输法。

国际航空货物运输法包括国内法和国际法，其中由于各国规范国际航空的法律制度比较简单，因此国际航空货物运输主要受国际航空货物运输的国际条约的调整。

二、有关国际航空货物运输的国际公约

（一）《华沙公约》

《华沙公约》的全称为《统一国际航空运输某些规则的公约》，它是欧洲23个国家于1929年10月在华沙签订的，该公约于1933年2月13日生效。经过多次修改和补充，至今已有130多个国家加入该公约，我国于1958年7申请加入，同年10月8日正式成为其成员国。

《华沙公约》适用于运输合同中规定的启运地和目的地都属于公约成员国的航空运输，也适用于启运地和目的地都在一个成员国境内，但飞机停留地为其他国家的航空运输。

（二）《海牙议定书》

1955年9月28日，《华沙公约》成员国的外交代表在海牙就航行过失免责、责任限制、运输单证的项目以及索赔期限等问题对1929年《华沙公约》进行了修改，称为《1955年在海牙修改华沙公约的议定书》（简称《海牙议定书》）。1975年10月15日该议定书对我国生效。

（三）《瓜达拉哈拉公约》

1960年9月18日，各国外交代表在墨西哥的瓜达拉哈拉签订了《统一非缔约承运人所办国际航空运输某些规则的公约》（简称《瓜达拉哈拉公约》）。该公约主要是为补充《华沙公约》而订立的，于1964年5月1日生效。我国尚未加入该公约。该公约把《华沙公约》中有关承运人的各项规定，扩及非合同承运人，即根据与托运人订立航空运输合同的承运人的授权来办理全部或部分国际航空运输的实际承运人。

三、托运人的权利和义务

根据《华沙公约》的规定，托运人享有并承担以下权利义务：

1. 托运人对航空货运单上关于货物的各项说明和声明的正确性及由于延误、不合规定、不完备，给承运人及其代理人造成的损失承担责任。

2. 托运人在履行航空货物运输合同所规定的一切义务的情况下，有权在启运地、目的地将货物提回或在途中经停时终止运输或将货物运交非货运单上指定的收货人，但不得使承运人或其他托运人遭受损失。

3. 托运人需提供各种必要资料以便完成货交收货人前的海关、税务或公安手续，并将有关证件附航空货运单交给承运人并承担因资料或证件缺乏、不足或不符合规定给承运人造成的损失的责任。

四、承运人的主要责任及免责

（一）承运人主要责任

根据《华沙公约》的规定，承运人的责任如下：

1. 承运人对航空运输期间发生的货损、货物灭失、延误承担责任。所谓航空期间，是指在承运人保管之下，不论在航空站内、航空器上或航空站外降落的任何地点，不包括航空站外任何陆运、海运或河运。但如果这种运输是为了履行空运会同，是为了装货、交货或转运，则也视为航空期间。

2. 承运人对货物的灭失、损坏或迟延交付承担的最高赔偿金额为每公斤 250 金法郎，超过了这个限额，承运人就不负赔偿责任。托运人在交货时已对货物运到的价值作了特别声明，并缴付了必要的附加费，承运人赔偿的金额在超过声明的价值内按实际损失计算。

（二）承运人免责

《华沙公约》规定在发生下列情况时，免除承运人应承担的责任：

1. 承运人证明自己或其代理人已为避免损失采取了一切必要措施或不可能采取这种措施。

2. 损失的发生是由于驾驶上、航空器的操作上或领航上的过失。

3. 货物的灭失或损坏是由于货物的属性或本身质量缺陷造成的。

4. 货物损失是由受害人的过失引起或造成。

《华沙公约》中规定的承运人免责和损害赔偿限额是一个最低标准，任何超出该公约免责范围并规定更低赔偿金额的合同条款，一律无效。并且，当货物的损坏和灭失是由于承运人及其代理人和受雇人员故意的不良行为引起时，承运人则无权援引公约关于免责和限制责任的规定。

课堂案例 6-4

A 国甲公司委托某国际航空货运公司运输一批货物给 B 国乙公司，在运输途中有一部分货物由于货舱门开启而散落。货到目的地后乙公司向该公司提出了索赔要求。该航空公司后来查明，货舱门开启的原因是飞机驾驶员操控飞机时不小心触碰货舱门开关所致。

请问：

1. 根据《华沙公约》，该航空公司是否要承担赔偿责任？为什么？

----

2. 如果根据《海牙议定书》，其是否要承担赔偿责任？为什么？

五、索赔和诉讼

1. 索赔

《华沙公约》规定，当货物发生损坏时，发货人或收货人应立即向承运人提出异议，或最迟应在收到货物后 7 天内提出。如果是迟延交货，最迟应在货物交由收货人后 14 天内提出。异议必须以书面形式提出。《海牙议定书》对异议的期限做了延长。如是货物损坏，异议期限为收到货物后 14 天；如果延迟交付，收货人应在自由处置货物后 21 天内提出；如果货物毁灭或遗失，一般应自货运单填开之日起 120 天内提出异议。

上述异议可以写给货运所属空运企业，或写给第一承运人、最后承运人，也可写给在运输途中发生损坏、遗失或延误的承运人。

2. 诉讼

货主如果在规定时间内没有对货物的灭失、短少、损坏或延误提出异议，就不能向承运人起诉。诉讼时效为 2 年，从航空器到达目的地之日或应该到达之日起计算。

货主可以根据自己的意愿选择以下缔约国之一的法院提出诉讼请求：（1）承运人的住所地；（2）承运人的总管理处所在地；（3）签订合同的机构所在地；（4）目的地。诉讼程序依法院所在地法律。

学习感悟

通过本节课的学习，我了解了 _____，
学会了 _____，
我印象最深的是 _____。

实例应用

1. 一批机器设备从新加坡经北京中转到天津。从新加坡运往北京采用的是飞机运输，再从北京转运天津时，使用卡车运输。但在高速公路上，不幸发生车祸，设备全部损坏。

请问：

（1）航空公司是否应赔偿？

_____

_____

（2）为什么？

_____

_____

2. A 国甲公司有一批水晶制品委托某航空公司运至 B 国乙公司，在承运前甲公司对航空公司做了"该物特别易碎"的说明，航空公司表示会将所有托运货物用绳索固定，以防止其他货物碰撞这批水晶制品，但在具体操作时工作人员因疏忽未加固水晶制品旁的一堆货物，以致飞行过程中货物发生碰撞，水晶制品大部分毁损。（注：该水晶制品的价值大约为每公斤 500 金法郎。）

请问：

（1）航空公司应如何承担责任？

_____

_____

（2）为什么？

_____

_____

国际航空货物运输单证

国际航空货物运输单证（简称航空货运单）是承运人或其代理人与托运人之间签订的航空运输单证。就其性质和作用讲，航空货运单是承运人和托运人之间的航空运输合同，是托运人托运货物后所取得的货物收据，是运费记载的账单，是进出口申报海关手续的单证，是承运人或托运人投保的依据。十分明显，与提单不同，航空运单并非物权凭证，不能转让。托运人应填写航空货运单一式三份，与货物一起交给承运人。

航空货运单的基本内容应包括：（1）航空货运单的填写地点和日期；（2）起运地和目的地；（3）约定的经停地点；（4）托运人、收货人、第一承运人的名称和地点；（5）货物的性质、件数、包装方式、特殊标志或号码、货物的重量、数量、体积或尺码、货物包装外表情况；（6）如果运输已经议定，应写明运费金额，付费日期和地点以及付款人；（7）如果是货款到付，应写明货物的价格，必要时还应写明应付的费用；（8）声明的货物价值；（9）航空货运单的份数，随同航空货运单交给承运人的凭证；（10）经过约定写明运输期限，概要说明经过的路线，并声明运输受公约的有关责任制度规定的约束。

根据《华沙公约》的规定，承运人有权要求托运人填写航空货运单。货运单一式三份，一份经托运人签字后交承运人；第二份附在货物上，由托运人和承运人签字后交收货人；第三份由承运人在收货后签字交托运人。《海牙议定书》改为承运人在货物装机以前签字。

第四节　国际货物多式联运法

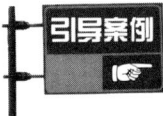

引导案例

A 是广州市的一家货代公司，B 是深圳市的一家进口公司，C 是一家美国的出口公司，D 是湖南省的一家工业公司。B 和 C 签订了一份按 FOB 条件的进口货物合同。货物进口后，直接转卖于 D。D 于 2007 年 3 月 26 日持 B 致 A 的介绍信办理 8 吨化工原料进口的代理手续，并随函附有按 FOB 条件进口合同副本一份，在合同副本上有 B 公司业务员手书注明收货人名称、地址、电话、联系人及用卡车运至湖南省某市的字样。此后，货从国外运抵广州，A 向 D 发出"进口到货通知书"，在通知书的注意事项第 5 条内注明"货运内地加批加保由货代统一办理"。A 办好进口报关、纳税等事项后，以自己名义委托广州市一家具有内地合法营运资质的汽车公司（以下称承运人）将货物运往湖南省某市。不料货在运输途中由于驾驶员违章驾驶，导致与另一卡车相撞造成货、车俱毁。事后，D 向 A 索赔。

案例讨论

1. A 对此事有无责任？

----

2. 为什么？

技能提示

一、国际货物多式联运概述

国际多式联运是指按照多式联运合同，以至少两种不同的运输方式，由多式联运经营人从一国境内接管货物运至另一国境内指定的地点交付货物。

按照这种方式，由发货人和多式联运经营人签订多式联运合同。多式联运经营人接管货物时，签发多式联运单据。多式联运是两种或两种以上不同运输方式的连贯运输，如公路/铁路/海运等。多式联运经营人在责任期间对运输全程负责。

国际货物多式联运是现代化先进的货运方式，它是随着集装箱货物成组运输的发展而发展起来的。在集装箱运输中，由于采用了结构牢固、规格统一的集装箱，装卸作业可以使用机械操作，并且适合采用"门到门"的交接办法，因而具有提高装卸效率，扩大港口吞吐能力；加速周转，降低经营成本；减少货损货差，提高货运质量；节省包装材料，减少运杂费用和简化手续等优点。

二、《联合国国际货物多式联运公约》的基本内容

1980 年 5 月 24 日在联合国贸易与发展会议的主持下，在日内瓦召开了由 84 个贸

发会成员国参加的国际多式联运会议，制订并通过了《联合国国际货物多式联运公约（草案）》。我国在会议最后文件上签了字。根据该公约规定，公约由 30 个国家的政府签字但无须批准、接受、认可，或者向保管人交存批准书、接受书、认可书或加入后 12 个月生效。公约目前尚未生效。

（一）多式联运合同的定义

多式联运合同是指多式联运经营人凭以收取运费，负责完成或组织完成国际货物多式联运的合同。

（二）多式联运单据

多式联运经营人在接管货物时，应向发货人签发一项多式联运单据，以证明多式联运经营人接收货物并负责按合同条款交付货物。

（三）联运人的责任

1. 责任性质

联运人对联运的全程负责，不得以全程或某一阶段委托给其他运输分包人为由推卸责任。

2. 责任期间

自接收货物之时起至交付货物时止为联运经营人的责任期间。在此期间内，联运经营人应对货物的灭失、损坏、延迟交货等事故负责，除非联运经营人能证明其本人、受雇人或代理人等为避免事故的发生及其后果已采取了一切所能合理要求的措施。

3. 责任限额

联运人对每包或每货运单位的损害赔偿限额为 920 特别提款权，或每公斤 2.57 特别提款权，以两者较高者为准；联运如不包括海运或内河运输的为每公斤 8.33 特别提款权；延迟交货的，为延迟交货部分应付运费的 2.5 倍，但不超过全部运费总额；如能确定损失发生的区段，而该区段所适用的国际公约或有关国内法有较高赔偿限额规定的，依该公约或国内法规定。

（四）发货人的责任

联运人遭受损失时如能证明该损失是由发货人或其受雇人或代理人的过失或疏忽造成的，发货人应对该损失负赔偿责任。

（五）诉讼时效和管辖权

1. 诉讼时效

公约规定，任何争议，在 2 年期间内未提起诉讼或提交仲裁，则失去法律效力。但在货物交付后 6 个月内或在货物未交付时，在应交付之日后 6 个月没有提出书面索赔通知，则诉讼在此期限届满后失去时效。诉讼时效可由受索赔人在索赔期间内向索赔人提出书面声明加以延长。

2. 管辖权

公约规定，原告有权选择在有管辖权的法院提起诉讼，下列所在地法院是公约规定的有管辖权的法院：（1）被告主要营业所在地法院；（2）多式联运合同订立地法院；（3）多式联运合同和单据中所载明的法院；（4）货物接收和交付地法院。

如果合同当事人要求仲裁解决争议，他们应签订书面仲裁协议，将争议提交仲裁。申请人有权选择仲裁地点，但该地点应是上述有管辖权的所在地法院。

课堂案例 6 – 5

中国 A 公司（公司所在地为江苏南京）为履行对美国 B 公司的交货义务，于是全权委托上海的一家多式联运 C 公司进行运输。该合同签订地点为上海，交货地点为美国旧金山。后因 C 公司未尽合同义务致使货物受损。A 公司遂向南京法院提起诉讼。

请问：

1. 南京法院能否受理该项诉讼？

----

2. 为什么？

😊 **学习感悟**

通过本节课的学习，我了解了 _____，
学会了 _____，
我印象最深的是 _____。

📓 **实例应用**

中国香港某出口商委托一多式联运经营人作为货运代理，将一批半成品服装经孟买装运至印度的新德里。货物由多式联运经营人在其货运站装入 2 个集装箱，且签发了清洁提单，表明货物是在处于良好状态下被接受的。集装箱经海路从香港运至孟买，

再由铁路运至新德里。在孟买卸船时发现其中 1 个集装箱外表损坏。多式联运经营人在该地的代理将此情况于铁路运输前通知了铁路承运人。当集装箱在新德里开启后发现，外表损坏的集装箱所装货物严重受损，另一集装箱虽然外表完好、铅封也无损，但内装货物也已受损。香港出口商要求多式联运经营人赔偿其损失。

请问：

（1）作为货运代理的多式联运经营人对两箱货损是否负责？

（2）如需负责，多式联运经营人的赔偿责任是什么？

（3）多式联运经营人可否享受责任限制？

知识链接

《国际货物多式联运公约》产生的背景

国际货物多式联运是现代化先进的货运方式，它是随着集装箱运输的发展而发展起来的。在使用集装箱运输时，通常都是在发货人工厂、仓库或集装箱货运站进行装箱，之后用汽车或火车把装有货物的集装箱运往码头装船，或运到机场装上飞机。货物的交接地点，可以按"港到港"的办法办理，或以出口国内陆卖方的工厂、仓库或起运地集装箱货运站，直接把货物装进箱内到进口国内陆买方的工厂、仓库或目的地集装箱货站，实行"门到门"的交接方法。由于"门到门"的交接方式在国际集装箱运输中最有发展前途，因此集装箱运输有一部分是属于陆海空多种运输方式的联合运输，即订立一个运输合同，凭一张运输单证，综合利用陆、海、空多种运输方式，实现"门到门"运输。

国际货物多式联运虽然有许多优越性，但同时也提出了许多新的法律问题，其中最主要是适用法律问题，这关系到如何确定承运人的责任和义务的问题。传统的国际货物运输是把整个运输过程分为三个不同的阶段，即陆（空）→海→陆（空）运输。由于不同的运输阶段采用了不同的运输方式，因而适用不同的法律。如海上运输阶段可适用《海牙规则》或《汉堡规则》；空运阶段可适用《华沙公约》；陆运阶段可适用

《国际铁路货运公约》或《国际公路货运公约》等。但是，国际多式联运则把海、陆、空运输联结在一起，作为一个单一的运输过程来安排，且货物在整个运输中都是密封在集装箱内，一旦货物发生灭失或损坏，往往很难确定是发生在哪一阶段，因此也就难以确定应依哪一个国际公约来确定承运人的责任和义务。

《联合国国际货物多式联运公约》正是基于上述需要而产生的。

第七章

关于知识产权的主要法律规定

自第一部具有现代意义的专利法于 1624 年在英国诞生以来，除朝鲜和伊朗等少数国家外，各国陆续在知识产权领域进行立法。知识产权法律制度在激励人们创新智力成果、创造财富、维持公平贸易秩序、保护消费者利益方面起着决定性的作用。在当今知识经济时代，加强对知识产权的保护，显得尤为重要和迫切。世界贸易组织关于《与贸易有关的知识产权协议》明确规定：知识产权属于私权。我国《民法通则》也将知识产权作为一种特殊的民事权利予以规定。本章将介绍知识产权的概念、范围、特征；知识产权的取得、侵犯知识产权行为的认定、知识产权的保护及知识产权的使用等知识产权法的基础知识，帮助大家树立知识产权方面的法律意识，从而自觉遵守知识产权法，学会运用知识产权法维护企业自身的合法权益。

技能目标

1. 具备办理商标、专利注册手续的能力。
2. 具备依提供的商标、专利纠纷案例做出正确分析的能力。
3. 具备灵活使用知识产权的能力。

知识目标

1. 了解知识产权的概念、范围和特征。
2. 了解侵犯知识产权行为的认定。
3. 掌握知识产权保护的方式。
4. 掌握驰名商标保护的规则。
5. 了解知识产权的使用方式。

重点难点

1. 知识产权的主要特征。
2. 知识产权保护的方式及驰名商标保护的规则。
3. 知识产权诉前保全措施。
4. 知识产权使用许可合同的种类。
5. 贴牌应注意的法律问题。

第一节　知识产权法基础知识

引导案例

河南省洛阳市某纺织厂设计了一种款式新颖的短衫，在牡丹节期间投放市场，销路很好，后来许多厂家相继仿制，对该纺织厂的产品销路影响很大。为了维护工厂的利益和把握市场前景，该厂于 2013 年 6 月 10 日向国家商标局提出"洛阳"牌商标的注册申请。在其申请注册期间，某服装厂仍继续生产与纺织厂样式完全相同的短衫，并使用了"洛阳"商标（仅文字相同，图案、字形均不相同）。纺织厂即向工商行政管理部门提出保护其商标专用权的申请。2013 年 7 月 1 日，商标局驳回纺织厂的商标注册申请。纺织厂收到驳回通知后，很不服气，欲申请复议。同时，服装厂看到纺织厂没有取得注册商标，更是无所顾忌，继续进行生产。

案例讨论

1. 商标局驳回纺织厂的"洛阳"牌商标注册申请的做法是否正确？

2. 为什么？

3. 服装厂是否可以使用纺织厂所用的商标？

技能提示

一、知识产权的概念、范围与分类

（一）知识产权的概念

知识产权是个外来语，即德文的 Gestiges Eigentum，英文的 Intellectual Property，是

指民事主体对其智力劳动成果依法所享有的专有权利。

（二）知识产权的范围

狭义的知识产权一般包括：

1. 著作权和邻接权

著作权，又称版权，是指文学、艺术和科学作品的作者及其相关主体依法对作品所享有的人身权利和财产权利。邻接权是指作品传播者对在传播作品过程中产生的成果依法享有的专有权利，又称为作品传播者权或与著作权有关的权益。

2. 专利权

即自然人、法人或其他组织依法对发明、实用新型和外观设计在一定期限内享有的独占实施权。

3. 商标权

即商标注册人或权利继受人在法定期限内对注册商标依法享有的各种权利。

商标权包括商品商标权、服务商标权、集体商标权和证明商标权。

（三）知识产权的分类

知识产权可分成创造性成果权和标记性成果权。发明、实用新型和工业品外观设计等为创造性成果权，它们的智力创造的表现比较明显，发明和实用新型是利用自然规律做出的解决特定问题的新的技术方案；工业品外观设计是确定工业品外表的美学创作，完成人需要付出创造性劳动。商标、服务标记、厂商名称、产地标记或原产地名称以及我国反不正当竞争法第 5 条规定的知名商品特有的名称、包装、装潢等为标记性成果权。

二、知识产权的特征

（一）无形财产性

知识产权的无形财产性包括两层含义：

1. 知识产权必须有"物"作为其载体，但必须注意的是买方拥有该载体并不意味着买方拥有该载体上的知识产权。我国《合同法》第一百三十七条规定，出卖具有知识产权的计算机软件等标的物的，除法律另有规定或者当事人另有约定的以外，该标的物的知识产权不属于买受人。

2. 知识产权的价值不像有形物体那样容易鉴别，其价值取决于其载体的市场份额。

（二）专有性

知识产权的专有性也称独占性、排他性、垄断性，即知识产权的权利主体依法享有独占、使用智力成果的权利，他人不得侵犯。

（三）可复制性

知识产权的可复制性是指权利人在使用知识产权的同时也可允许他人使用。知识产权权利人通过许可他人使用取得经济回报，这体现了它的无形财产性。

（四）法定性

知识产权的法定性是指知识产权的专有性必须符合法律规定并受到一定的限制。例如，我国《商标法》《专利法》规定，商标和发明要取得专有权须取得注册许可；《专利法》规定，授予专利权的发明和实用新型，应当具备新颖性、创造性和实用性；《商标法》第十条、第十一条规定了不得作为商标使用和不得作为商标注册的标志；《专利法》第二十五条规定了不授予专利权的情形；《著作权法》第五条规定了不适用著作权法的三种情况。

（五）地域性

知识产权的地域性是指知识产权只在产生的特定国家或地区的地域范围内有效，不具有域外效力。故一国知识产权权利人的知识产权若想在他国受保护须到该国申请注册或根据有关的国际条约申请国际注册，以防止被他人抢注。

课堂案例 7-1

2005 年 8 月 24 日，深圳海关根据美 A 公司的申请，扣留了 B 公司（B 已在西班牙注册了 NOVA 商标，但未在中国注册相应商标）报关出口的 NOVA 商标男衬衫。A 公司认为，NOVA 是该公司在中国注册的商标，B 公司的行为侵犯了其涉案商标专用权。

请问：

1. B 公司行为是否侵犯了 A 公司的商标专用权？

----

2. 为什么？

（六）时间性

知识产权的时间性是指依法产生的知识产权一般只在法律规定的期限内有效。

1. 我国专利权的有效期

我国发明专利权为 20 年，实用新型专利权和外观设计专利权为 10 年，均自申请日起计算，且专利权不得续展。

课堂案例 7-2

2000 年 11 月 5 日，李某向中国专利局申请了名称为"旗帜吹飘装置"的实用新型专利，2001 年 8 月 21 日专利机关授予李某实用新型专利。2013 年 5 月，A 公司应某市政府委托，完成该市国庆会场国旗旗杆安装任务，也用到了旗帜吹飘装置，李某认为 A 公司侵权，遂起诉。

请问：

1. 李某的实用新型专利的有效期的具体起讫日期如何计算？

----

2. A 公司是否对李某构成侵权？

---

2. 我国商标权的有效期

商标权的有效期为 10 年，自核准注册之日起计算。注册商标有效期满，需要继续使用的，商标注册人应当在期满前 12 个月内按照规定办理续展手续；在此期间未能办理的，可以给予 6 个月的宽展期。

课堂案例 7-3

2002 年 1 月 19 日，甲企业就其生产的家用电器向商标局申请注册"康威"商标，一个月后获准注册。后来乙企业使用该商标生产冰箱，并在 2012 年 4 月开始销售"康威"牌冰箱。

请问：

1. 甲企业的商标专用权有效期的具体起讫日期如何计算？

----

2. 乙企业行为是否侵犯了甲企业的商标专用权？

----

3. 我国著作权的有效期

法人或者其他组织的作品，其发表权的保护期为 50 年，截止于作品首次发表后第 50 年的 12 月 31 日。公民的作品发表权的保护期为作者终生及其死亡后 50 年，截止于作者死亡后第 50 年的 12 月 31 日。

课堂案例 7 – 4

甲、乙于 2000 年 10 月 5 日共同创作完成一部小说，甲主张发表，乙不同意。2008 年 6 月 15 日乙死亡，乙有一继承人，2010 年 8 月 10 日甲将该小说发表，2012 年 7 月 20 日甲死亡。

请问：

根据我国现行《著作权法》，对该小说著作权的保护期从哪一天开始？到哪一天终止？

上述的六个特征中，专有性、地域性和时间性是知识产权的三大主要特征，而专有性是知识产权最基本、最重要的特征。

三、知识产权的立法

（一）我国知识产权的立法

我国知识产权立法起步较晚，但发展迅速，现已建立起符合国际先进标准的法律体系。我国国内的知识产权立法主要包括：

1. 知识产权法律。如著作权法、专利法、商标法和反不正当竞争法等。

2. 知识产权行政法规。如著作权实施条例、计算机软件保护条例、专利法实施细则、商标法实施条例、知识产权海关保护条例等。

3. 知识产权行政规章。如国家工商行政管理局关于禁止侵犯商业秘密行为的规定、驰名商标认定和保护规定等。

4. 知识产权司法解释。如：

《最高人民法院关于诉前停止侵犯注册商标专用权行为和保全证据适用法律问题的解释》

《最高人民法院关于审理商标民事纠纷案件适用法律若干问题的解释》

《最高人民法院关于审理涉及计算机网络域名民事纠纷案件适用法律若干问题的解释》

《最高人民法院关于审理著作权民事纠纷案件具体适用法律若干问题的解释》

《最高人民法院关于审理专利纠纷案件适用法律问题的若干规定》等。

（二）知识产权的国际立法

知识产权的国际立法主要包括以下国际条约：

《与贸易有关的知识产权协议》

《保护工业产权巴黎公约》

《保护文学艺术作品伯尔尼公约》

《世界版权公约》

《商标注册马德里协定》

《专利合作条约》

其中，《与贸易有关的知识产权协议》被认为是当前世界范围内知识产权保护领域中涉及面广、保护水平高、保护力度大、制约力强的国际条约，对我国国内有关知识产权法律的修改起了重要作用。我国均已加入这些条约，它们是我国知识产权法律体系的重要组成部分。

学习感悟

通过本节课的学习，我了解了 _____，

学会了 _____，

我印象最深的是 _____。

实例应用

1. 美国可口可乐公司拥有的知识产权包括（   ）。

    A. 专利权   B. 商号名称权

    C. 地理标志权   D. 商业秘密权

2. 我国法律规定注册商标的有效期为（   ）。

    A. 10 年，期满后即终止

    B. 10 年，期满可以续展，续展次数不限，每次 10 年

    C. 20 年，期满后即终止

    D. 20 年，期满可以续展，续展次数不限，每次 20 年

第二节　知识产权的原始取得

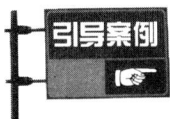

引导案例

2002年7月8日，帅康就专利侵权一案向杭州市中级人民法院提起了民事诉讼，称公司于1999年2月9日向国家知识产权局申请"深型离心式抽油烟机"实用新型专利，1999年11月27日被授予专利权，专利号ZL99201378.X，1999年12月15日授权公告，而海尔未经自己许可，大量生产、销售侵犯该专利权的侵权产品，已构成对该专利权的侵犯。因此，向法院提出责令海尔公司立即停止侵权行为、赔偿经济损失人民币50万元等五项请求。

经权威部门对比，海尔该型号的吸油烟机除立板等与"帅康"有微小差别外，技术特征与帅康的专利基本一致。

案例讨论

1. 海尔公司是否构成了对帅康的专利侵权？

----

2. 为什么？

技能提示

世界各国均对商标和专利实行注册保护的原则，即商标和专利必须在符合知识产权法律规定的条件下，向知识产权主管部门申请注册，得到知识产权主管部门批准后才能取得专有权。

一、商标权的原始取得

（一）我国商标注册原则

我国现行法律规定，除烟草制品实行强制注册外，其他商品实行商标自愿注册的原则。所以，除烟草制品外，商标所有人可自愿向商标主管部门申请成功注册后取得商标专有权。

我国 2013 年 8 月 30 日修改的《商标法》第八条规定，任何能够将自然人、法人或者其他组织的商品与他人的商品区别开的标志，包括文字、图形、字母、数字、三维标志、颜色组合和声音等，以及上述要素的组合，均可以作为商标申请注册。该法的第十条、第十一条分别规定了不得作为商标使用和商标注册的标志。

（二）不得作为商标使用的情形

我国《商标法》第十条规定，下列标志不得作为商标使用：

1. 同中华人民共和国的国家名称、国旗、国徽、国歌、军旗、军徽、军歌、勋章等相同或者近似的，以及同中央国家机关的名称、标志、所在地特定地点的名称或者标志性建筑物的名称、图形相同的；

2. 同外国的国家名称、国旗、国徽、军旗等相同或者近似的，但经该国政府同意的除外；

3. 同政府间国际组织的名称、旗帜、徽记等相同或者近似的，但经该组织同意或者不易误导公众的除外；

4. 与表明实施控制、予以保证的官方标志、检验印记相同或者近似的，但经授权的除外；

5. 同"红十字""红新月"的名称、标志相同或者近似的；

6. 带有民族歧视性的；

7. 带有欺骗性，容易使公众对商品的质量等特点或者产地产生误认的；

8. 有害于社会主义道德风尚或者有其他不良影响的。

县级以上行政区划的地名或者公众知晓的外国地名，不得作为商标。但是，地名具有其他含义或者作为集体商标、证明商标组成部分的除外；已经注册的使用地名的商标继续有效。

（三）不得作为商标注册的标志

我国《商标法》第十一条规定，下列标志不得作为商标注册：

1. 仅有本商品的通用名称、图形、型号的；

2. 仅直接表示商品的质量、主要原料、功能、用途、重量、数量及其他特点的；

3. 其他缺乏显著特征的。

前款所列标志经过使用取得显著特征，并便于识别的，可以作为商标注册。

课堂案例 7 - 5

甲厂去年以来生产土豆片、锅巴等小食品，使用"香脆"二字做未注册商标。现甲厂决定提出"香脆"商标注册申请，使用商品仍为土豆片、锅巴。

请问：

1. 该商标注册申请能否被核准？

------

2. 为什么？

二、专利权的原始取得

（一）我国专利权的申请条件

我国 2008 年 12 月 27 日修改的《专利法》第二十二条规定，授予专利权的发明和实用新型，应当具备新颖性、创造性和实用性。

新颖性，是指该发明或者实用新型不属于现有技术；也没有任何单位或者个人就同样的发明或者实用新型在申请日以前向国务院专利行政部门提出过申请，并记载在申请日以后公布的专利申请文件或者公告的专利文件中。

创造性，是指与现有技术相比，该发明具有突出的实质性特点和显著的进步，该实用新型具有实质性特点和进步。

实用性，是指该发明或者实用新型能够制造或者使用，并且能够产生积极效果。

上述的"现有技术"，是指申请日以前在国内外为公众所知的技术。

（二）不授予专利权的情形

我国《专利法》第五条规定，对违反法律、社会公德或者妨害公共利益的发明创造，不授予专利权。第二十五条规定，对下列各项，不授予专利权：

1. 科学发现；

2. 智力活动的规则和方法；

3. 疾病的诊断和治疗方法；

4. 动物和植物品种；

5. 用原子核变换方法获得的物质；

6. 对平面印刷品的图案、色彩或者二者的结合做出的主要起标识作用的设计。

对前款第 4 项所列产品的生产方法，可以依法授予专利权。

课堂案例 7 - 6

甲、乙、丙、丁分别拥有四项发明，其中甲发明了仿真伪钞机，乙发明了对糖尿病特有的治疗方法，丙发现了某植物新品种，丁发明了某植物新品种的生产方法。

请问：

根据我国现行《专利法》，上述的四项哪些不能被授予专利权？

三、著作权的原始取得

（一）著作权的自动取得原则

在我国，著作权的原始取得实行自动取得的原则，即著作权因作品创作完成、形成作品这一法律事实的出现而自然产生，不需要再履行其他任何手续，如审批、登记等。

（二）著作权的合理使用和法定许可使用

著作权的合理使用，是指在特定的条件下，法律允许他人自由使用享有著作权的作品而不必征得著作权人的同意，也不必向著作权人支付报酬的制度。我国《著作权》第 22 条规定了著作权合理使用的情形。

著作权的法定许可使用，是指依著作权法的规定，使用者在利用他人已经发表的作品时，可以不经著作权人的许可，但应向其支付报酬，并尊重著作权人其他权利的制度。

学习感悟

通过本节课的学习，我了解了 ，

学会了 ，

我印象最深的是 。

实例应用

1. 下列可以被核准注册为商标的有（　　）。

A. "最亮"牌灯泡   B. "补血"牌营养液

C. "巧妙"手表   D. "钢铁"牌汽车

2. 发明专利的构成要件有（　　）。

  A. 新颖性   B. 创造性   C. 独创性   D. 实用性

第三节　知识产权的使用、许可与转让

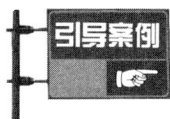

引导案例

"可口可乐"商标创立100多年来，公司通过在世界各地遍设分公司、子公司、分厂或分装车间、经销公司等活动，可口可乐公司不管是对分公司、子公司，还是被许可使用商标的公司，均只提供而且必须提供原料配方保密的饮料原液，被许可使用人要做的只是加水、加糖和灌装。即便这样，被许可使用人的整个生产过程还要受到可口可乐公司的一丝不苟的监控。结果使得"可口可乐"成为风行195个国家和地区的饮料，可口可乐公司以670亿美元的品牌价值，位居2006年度全球品牌排行榜之首。

案例讨论

1. "可口可乐"公司的这一举措是充分利用了哪种法律制度？

----

2. "可口可乐"公司商标策略成功秘诀在哪里？

技能提示

一、知识产权的使用

（一）产权人对知识产权的使用

对产权人来讲，同其他财产一样，产权可以通过继承、赠与、担保、信托、作为股本投资、许可使用与转让等不同的形式进行使用。值得注意的是，2013 年 12 月 28 日修改的我国《公司法》取消了货币出资占注册资本的比例及注册资本的最低限额的规定，所以，投资人可以单独以知识产权作为公司出资的唯一方式。

（二）非产权人对知识产权的使用

对非产权人来讲，可以通过被许可使用和转让获取使用现有的知识产权，同时，因为知识产权是一笔无形的财富，有的知识产权已经超过法律保护期限，成为可以公共使用的财富。所以非产权人还可以通过查阅专利文献，寻找到过期的专利，这样还可以不必付费引进，不必投入人力、物力重复研究。在具体的实践中究竟采用哪一种形式，要根据自己的资金、生产能力、水平等具体情况来定。除了法定继承外，其他对知识产权的使用方式都是采用合同方式进行的，因此知识产权合同既要受到知识产权法的约束，又要受到合同法的约束。

二、知识产权的使用许可

（一）知识产权的使用许可的概念

知识产权具有专有性，未经权利人的许可，使用他人的知识产权构成侵权，这是基本法律原则。所以欲使用他人知识产权，须取得权利人的许可。知识产权的使用许可，是指权利人将其知识产权的一部分或全部允许他人使用。被许可人获得的仅仅是使用权，知识产权的其他权利并没有丧失，仍然属于权利人。未经权利人许可，被许可人不得将该项权利转移给第三人。

（二）知识产权使用许可合同的种类

按照许可权利的大小范围可以将知识产权使用许可合同分为以下三大类：

1. 独占（垄断）许可合同

即在指定地区内，被许可方在合同规定的有效期间内，对合同项下的知识产权享有独占权。许可方不得再把该知识产权授予该地区内的任何第三人，许可方本人也不得在该地区使用该项知识产权。

2. 排他许可合同

即在指定地区内，被许可方在合同规定的有效期间内，对合同项下的知识产权享有排他使用权，许可方不得把同一知识产权再授予合同地区内的任何第三方，但是许可方保留自己在指定地区内使用该项知识产权进行生产和销售产品的权利。

3. 非独占（垄断）许可合同

又称普通许可合同，即许可方允许被许可方在指定地区内使用许可合同项下的知识产权，许可方有权在该地区使用该知识产权，同时许可方还可以将同一知识产权再授予第三人使用。

不同类型的许可合同，许可方索取的使用费不同。一般来说，许可方对独占许可索价较高，对非独占许可则索价较低。

三、知识产权的转让

（一）知识产权的转让的概念

知识产权的转让，是指产权人将自己对某一知识产权的所有权出让给他人。出让人丧失了所有权，受让人成为新的所有权人，受让人对该知识产权享有权利，承担法定义务。知识产权的转让，是权利主体的变更，须根据法律的规定办理相关手续。

（二）我国法律对知识产权转让的规定

我国《专利法》规定：中国单位或者个人向外国人转让专利申请权或者专利权的，必须经国务院有关主管部门批准。转让专利申请权或者专利权的，当事人应当订立书面合同，并向国务院专利行政部门登记，由国务院专利行政部门予以公告。专利申请权或者专利权的转让自登记之日起生效。我国《商标法》规定：转让注册商标的，转让人和受让人应当签订转让协议，并共同向商标局提出申请。受让人应当保证使用该注册商标的商品质量。转让注册商标经核准后，予以公告。受让人自公告之日起享有商标专用权。

四、贴牌生产

贴牌生产商（original equipment manufacturer，OEM），英文原义是原始设备生产商。贴牌生产也称"定牌生产""代工生产""委托生产""委托加工""生产外包"等，是指品牌所有者不直接生产产品，而是通过合同订购的方式委托他人生产，承接加工任务的制造商按照委托方的要求生产产品，贴上委托方指定的商标和牌号并交由委托方进行销售。

贴牌生产出口在我国加工贸易中占有相当大的比重，是国际分工与合作的表现，积极参与OEM加工贸易，对我国企业参与国际分工，逐步扩大自身实力有一定的积极作用。但如果受委托人缺乏法律防范意识，将会牵涉到商标侵权纠纷案件中，沦为跨国制假的帮凶，影响中国的国际形象。因此，在OEM合作过程中，需注意以下几个法律问题：其一，商标内容须合法，即委托人必须是商标的权利人或合法使用人，同时包装装饰不得仿冒；其二，明确商标使用和提供方式，多余的或废弃的标识不可以卖给他人；其三，未经委托方（发包方）同意，对多余的产品，承做方无权自行销售。

课堂案例 7 - 7

BARBIE（芭比）是美国麦特尔股份有限公司（Mattel）用于玩具上的商标，被我国国家工商行政管理总局认定为驰名商标，并在海关总署办理了备案手续。某年，汕头市甲加工企业接受美国 B 公司的委托，为其定牌生产 BARBIE（芭比）牌玩具，在与 B 公司订立来料加工合同时，甲企业并未对 B 公司是否为该商标的合法所有人或使用人进行确认。后来美国麦特尔股份有限公司经调查后，向汕头海关申请扣留出境侵权货物，海关做出没收侵权货物和罚款 100 万元人民币的处罚决定。

请问：

1. 海关对甲公司做出处罚决定的依据是什么？

----

2. 本案留给加工企业什么教训？

学习感悟

通过本节课的学习，我了解了 _____，

学会了 _____，

我印象最深的是 _____。

实例应用

1. 知识产权的使用方式有（   ）。

   A. 权利质权　　　B. 转让　　　　C. 使用许可　　　D. 作股本投资

2. 被许可方有权在合同约定的时间和地域范围内，按合同约定的使用方式实施专利，与此同时，专利权人不仅自己可以实施该专利，而且可以再许可第三人实施。该专利许可合同是（   ）。

   A. 普通许可合同　　　　　　　　B. 独家许可合同

   C. 独占许可合同　　　　　　　　D. 特别许可合同

3. 甲拥有一项节能灯的发明专利，乙对其加以改进后获得重大技术进步，并申请获得一项新的发明专利，但乙的专利技术实施依赖于甲的专利实施，双方就专

利实施问题未能达成协议，在这种情形下，下列表述中正确的是（　　　）。

A. 甲可以申请实施乙专利的强制许可

B. 乙可以申请实施甲专利的强制许可

C. 乙在取得实施强制许可后，无须向甲支付使用费

D. 乙实施自己新的发明专利无须取得甲的许可

知识链接

注册商标使用许可合同

商标使用许可方：（甲方）

商标使用被许可方：（乙方）

甲乙双方经协商，对商标使用权达成如下协议：

一、许可使用的商标名称：

　　商标图样：（贴商标图样，并由许可方盖骑缝章）

　　商标注册号：

　　商标注册年限：

二、商标权拥有人名称、地址：

三、许可使用商标的权限：

1. 许可使用的商品种类：（或服务的类别及名称）

2. 许可使用商标的领域：

3. 商标许可使用权的性质：（做出明确选择）

　　（1）独占使用许可

　　（2）非独占使用许可

四、商标使用许可合同的备案：

由甲方（或乙方）办理商标使用许可合同的备案手续，备案的费用由甲方（或乙方）承担。

五、商品质量的保证：

为保证被使用方的有关商品质量不低于许可方或其他被许可方，双方要共同采取以下措施：

1. 许可方向被许可方提供商品的样品，提供制造上的技术指导。

2. 许可方可以监督被许可方的生产，并有权检查被许可方生产情况和产品质量。

3. 被许可方定期无偿向许可方提供不少于两份商品样品，以备质量检查。

4. 双方均承担保守对生产经营情况秘密的义务。

六、许可方应保证履行商标的续展手续及其他保障商标注册效力的手续。

七、商标许可使用的期限：

　　　　自　　年　月　日起，至　　年　月　日止。

八、合同有效期的中止条件：

1. 被许可方逾期未交付商标许可使用费；

2. 被许可方将独占使用许可的商标，另外许可第三方使用；

3. ……

九、商标使用许可的使用费与付款方式：

1. 使用费按每一件商品_____元计算

2. 付款方式：

十、其他使用许可条件或双方商定的事项：

十一、合同纠纷的解决方式：

　　　　　　　　　　许可方：　　　　　　　　被许可方：

代表人：

地址：

邮编：

电话：

开户银行：

银行账号：

合同签订地：

合同签订日期：

　　　　　　　　　　　　　　　　（引自百度文库 http:// wenku. baidu. com ）

第四节 知识产权的保护

引导案例

2011 年某市达康食品厂研制出一种新型保健饮料,使用商标为"达康",产品投放市场后很受消费者欢迎,已成为当地知名的饮料品牌,但一直是以未注册商标使用的。2013 年,同市的康健饮料厂自行研制投产了一种无醇果汁饮料,并向商标局注册"达康"商标,经商标局初步审定后在《商标公告》上予以公告。达康食品厂看到后,欲向商标局提出异议。

案例讨论

1. 达康厂的异议理由是什么?

----

2. 如果商标局认为异议理由不成立,达康厂如何进一步主张自己的权利?

----

3. 如果达康厂与康健厂同一天提出商标申请,商标局该怎样处理?

----

4. 如果达康厂直接向人民法院提起诉讼,应提出怎样的主张?

技能提示

一、侵犯知识产权行为的认定

(一)专利权侵权行为

我国《专利法》规定：专利授予以后，未经专利权人许可，任何单位或个人都不得实施其专利。具体表现为：

1. 制造发明、实用新型、外观设计专利产品的行为；

2. 使用发明、实用新型专利产品的行为；

3. 许诺销售发明、实用新型专利产品的行为；

4. 销售发明、实用新型、外观设计专利产品的行为；

5. 进口发明、实用新型、外观设计专利产品的行为；

6. 使用专利方法以及使用、许诺销售、销售、进口依照该专利方法直接获得的产品的行为；

7. 假冒他人专利的行为。

课堂案例 7 - 8

甲公司 2000 年获得一项外观设计专利。乙公司未经甲公司许可，以生产经营为目的制造该专利产品。丙公司未经甲公司许可，以生产经营为目的，实施了下列行为：（1）使用乙公司制造的该专利产品；（2）销售乙公司制造的该专利产品；（3）许诺销售乙公司制造的该专利产品；（4）使用甲公司制造的该专利产品。

请问：

根据我国现行《专利法》，丙公司的哪一项行为侵犯了甲公司专利？

(二)商标权侵权行为

根据《商标法》第五十七条及其《商标法实施条例》（2014 年 4 月 29 日修订）第七十五至七十六条以及最高人民法院《关于审理商标民事纠纷案件适用法律若干问题的解释》第一条的规定，下列商标使用形式，为侵犯商标专用权的主要表现形式：

1. 擅自在同一种商品上使用与注册商标相同的商标；

2. 擅自在同一种商品上使用与注册商标近似的商标；

3. 擅自在类似商品上使用与注册商标相同的商标；

4. 擅自在类似商品上使用与注册商标近似的商标；

5. 销售侵犯注册商标专用权的商品（但销售不知道是侵犯注册商标专用权的商品，能证明该商品是自己合法取得的并说明提供者的，不承担赔偿责任）；

6. 伪造、擅自制造他人注册商标标识；

7. 销售伪造、擅自制造他人的注册商标标识；

8. 未经商标注册人同意，更换其注册商标并将该更换商标的商品又投入市场的；

9. 在同一种商品或者类似商品上，将与他人注册商标相同或者近似的文字、图形作为商品名称或者商品装潢使用，并足以造成误认的；

10. 故意为侵犯他人注册商标专用权行为提供仓储、运输、邮寄、隐匿、经营场所、网络商品交易平台等便利条件；

11. 将与他人注册商标相同或者相近似的文字作为企业的字号在相同或者类似商品上突出使用，容易使相关公众产生误认的；

12. 复制、摹仿、翻译他人注册的驰名商标或其主要部分在不相同或者不相类似商品上作为商标使用，误导公众，致使该驰名商标注册人的利益可能受到损害的；

13. 将与他人注册商标相同或者相近似的文字注册为域名，并且通过该域名进行相关商品交易的电子商务，容易使相关公众产生误认的。

课堂案例 7-9

某工商执法人员根据举报依法对某公司检查，在检查现场，执法人发现该公司堆放的 MP3 播放器成品、半成品及包装上均标有与苹果图形相近似的标志，经查证，苹果图形为美国苹果电脑公司在第九类商品上注册的商标，而该公司使用的标志与苹果公司的注册商标极为近似，且未经过注册人的许可。

请问：

1. 本案中苹果图形属于哪一类商标？

----

2. 该公司是否构成商标侵权？

（三）著作权侵权行为

1. 应该承担民事责任的著作权侵犯行为

（1）未经著作权人许可，发表其作品的；

（2）未经合作作者许可，将与他人合作创作的作品当作自己单独创作的作品发表的；

（3）没有参加创作，为谋取个人名利，在他人作品上署名的；

（4）歪曲、篡改他人作品的；

（5）剽窃他人作品的；

（6）未经著作权人许可，以展览、摄制电影和以类似摄制电影的方法使用作品，或者以改编、翻译、注释等方式使用作品的，本法另有规定的除外；

（7）使用他人作品，应当支付报酬而未支付的；

（8）未经电影作品和以类似摄制电影的方法创作的作品、计算机软件、录音录像制品的著作权人或者与著作权有关的权利人许可，出租其作品或者录音录像制品的，本法另有规定的除外；

（9）未经出版者许可，使用其出版的图书、期刊的版式设计的；

（10）未经表演者许可，从现场直播或者公开传送其现场表演，或者录制其表演的；

（11）其他侵犯著作权以及与著作权有关的权益的行为。

2. 承担综合法律责任的著作权侵权行为

有下列侵权行为的，应当根据情况，承担停止侵害、消除影响、赔礼道歉、赔偿损失等民事责任；同时损害公共利益的，可以由著作权行政管理部门责令停止侵权行为，没收违法所得，没收、销毁侵权复制品，并可处以罚款；情节严重的，著作权行政管理部门还可以没收主要用于制作侵权复制品的材料、工具、设备等；构成犯罪的，依法追究刑事责任：

（1）未经著作权人许可，复制、发行、表演、放映、广播、汇编、通过信息网络向公众传播其作品的，本法另有规定的除外；

（2）出版他人享有专有出版权的图书的；

（3）未经表演者许可，复制、发行录有其表演的录音录像制品，或者通过信息网络向公众传播其表演的，本法另有规定的除外；

（4）未经录音录像制作者许可，复制、发行、通过信息网络向公众传播其制作的录音录像制品的，本法另有规定的除外；

（5）未经许可，播放或者复制广播、电视的，本法另有规定的除外；

（6）未经著作权人或者与著作权有关的权利人许可，故意避开或者破坏权利人为其作品、录音录像制品等采取的保护著作权或者与著作权有关的权利的技术措施的，法律、行政法规另有规定的除外；

（7）未经著作权人或者与著作权有关的权利人许可，故意删除或者改变作品、录音录像制品等的权利管理电子信息的，法律、行政法规另有规定的除外；

（8）制作、出售假冒他人署名的作品的。

课堂案例 7-10

某大学中文系英籍留学生马克用汉语创作了一篇小说，发表在《文学新星》杂志上，发表时未做任何声明。甲、乙、丙、丁分别实施了下列行为：甲未经马克同意将该小说翻译成英文在中国发表，乙未经马克同意也未向其支付报酬将该小说译成藏语在中国出版发行，丙未经马克同意也未向其支付报酬将该小说改编成盲文出版，丁未经马克同意也未向其支付报酬将该小说收录进某网站供人点击阅读。

请问：

根据我国《著作权法》，以上哪些行为侵犯了马克的著作权？

二、知识产权的保护途径

（一）私力救济

即由权利人向侵权人提出警告、交涉、索赔，双方通过协商，解决侵权纠纷。

（二）公力救济

1. 行政保护。即由权利人向知识产权主管部门提出，请求其追究侵权人的法律责任。

2. 协会保护。如商标、专利权利人可以就广交会上的侵权商品向进出口商会请求保护。

3. 司法保护。即由权利人向司法机关举报或向人民法院诉讼，请求司法机关追究侵权人的法律责任。

4. 边境保护。即知识产权海关保护，如果侵权货物涉及进出境，权利人可向海关请求保护，由海关扣留其侵权货物。我国《海关法》第四十四条规定，海关依照法律、行政法规的规定，对与进出境货物有关的知识产权实施保护。需要向海关申报知识产权状况的，进出口货物收发货人及其代理人应当按照国家规定向海关如实申报有关知识产权状况，并提交合法使用有关知识产权的证明文件。

课堂案例 7－11

"奔驰（图形）"是戴姆勒克莱斯勒公司的商标，已在海关总署办理了备案手续。2003 年 8 月 7 日，上海海关驻外高桥港区办事处在查验一批上海某进出口公司以一般贸易方式向海关申报出口至摩洛哥的汽车附件中发现，出口的 353 箱车头进气面罩和车窗开关上标有"奔驰（图形）"商标，价值 7421.8 美元，海关经调查后认定侵犯商标专用权。

请问：

1. 本案属于知识产权保护的哪种方式？

2. 海关有权对侵权人做出怎样的处罚？

三、驰名商标的认定与保护

（一）驰名商标的概念

驰名商标（well-known trademark）是指为相关公众广为知晓并享有较高声誉的商标。驰名商标具有巨大的商业价值，是不法商人假冒或仿冒的重点对象，因而许多国家商标法对驰名商标规定了特殊保护措施。

（二）驰名商标的认定

在我国，驰名商标认定包括行政认定和司法认定两条途径，行政认定由国家工商行政管理局和国家工商局商标评审委员会认定，司法认定由中级以上人民法院认定。认定的原则秉承了国际通行的"个案认定，被动保护"的原则，即在发生侵权或权利冲突时，由有关行政机关确认商标是否驰名，以便决定是否给予扩大的保护，对驰名商标由过去的突出管理改变为更加注重对驰名商标的保护。中级以上人民法院在审理商标纠纷案件中，根据当事人的请求和案件的具体情况，可以对涉及的注册商标是否驰名依法做出认定。

认定驰名商标应当考虑下列因素：（1）相关公众对该商标的知晓程度；（2）该商标使用持续时间；（3）该商标的任何宣传工作的持续时间、程度和地理范围；（4）该商标作为驰名商标受保护的记录；（5）该商标驰名的其他因素。

1989 年，北京市药材公司发现其"同仁堂"商标在日本被抢注。该公司遂以"同仁堂"系驰名商标为由，请求日本特许厅撤销该不当注册的商标，日本要求提供"同仁堂"系我国驰名商标的证明文件。为了保护我国商标在他国的合法权益，商标局在做了广泛的社会调查后，于 1989 年 11 月 18 日正式认定"同仁堂"商标为我国驰名商标。这是我国由商标主管机关正式认定的第一个国内驰名商标。

（三）驰名商标的特殊保护措施

复制、摹仿或者翻译他人未在中国注册的驰名商标或者主要部分，在相同或者类似商品上使用，容易导致混淆的，应当承担停止侵害的民事责任，申请注册的，不予注册并禁止使用。

就不相同或者不相类似商品申请注册的商标是复制、摹仿或者翻译他人已经在中国注册的驰名商标，误导公众，致使该驰名商标注册人的利益可能受到损害的，不予注册并禁止使用。

课堂案例 7 – 12

2005 年 10 月 9 日，广东黑牛食品工业有限公司状告汕头市某陶瓷店主王某商标侵权纠纷案的一审判决生效，原告要求法院确认"黑牛"文字商标为中国驰名商标、并实施跨类别司法保护的诉讼请求得到了广东省汕头市中级人民法院的支持。法院同时认定被告在陶瓷餐具上使用"黑牛"文字作为其商品的标识的行为构成商标侵权，依法判令被告承担相应责任。这是汕头市首宗民营企业通过司法程序确认驰名商标的案件。

请问：

1. 本案中，该法院对驰名商标的认定属于哪种认定途径？

----

2. 本案中法院为何判定陶瓷店主王某构成侵权？

☺ **学习感悟**

通过本节课的学习，我了解了 _____，
学会了 _____，
我印象最深的是 _____。

实例应用

1. 某公司在自己生产的产品上随意打上一个不存在的专利号，属于（　　）。

   A. 假冒专利行为　　　　　　　　　B. 冒充专利行为

   C. 盗窃专利行为　　　　　　　　　D. 滥用专利行为

2. H市的甲公司生产啤酒，申请注册的"向阳花"文字商标被国家有关部门认定为驰名商标。下列哪些行为属于商标侵权行为？（　　）

   A. 乙公司在自己生产的葡萄酒上使用"葵花"商标

   B. 设在G市的丙公司将"向阳花"作为自己的商号登记使用

   C. 丁公司将"向阳花"注册为域名，用于网上宣传、销售书籍等文化用品

   D. 戊公司自己生产的农药产品上使用"向阳花"商标

知识链接

东芝商标侵权案例

2002年4月，宁波慈溪市佳盛电器有限公司的经营者在香港注册商号"香港东芝电器"并设立皮包公司。宁波佳盛公司又以接受该皮包公司"授权委托"的形式，生产销售以"香港东芝"为商标、以"香港东芝有限公司"为企业名称的家电产品。该公司又于2002年7月注册域名 www. hk-dongzhi. com 并利用该网址进行网络销售。2003年，东芝公司首先发现该网站之后，又陆续在宁夏、浙江等地确认了其销售事实并分别予以打击。

2003年6月13日，东芝公司以其恶意取得为由向WIPO投诉，并申请将域名www. hk-dongzhi. com 转让给东芝公司。2003年8月14日WIPO下达裁决支持东芝主张，异议期内对方未提出异议，最终东芝胜诉。

2003年7月24日，在收到东芝正式投诉后，浙江省工商局在宁波市工商局的协办下，重又确认侵权产品并认定为商标侵权予以更严厉处罚。2003年10月14日宁波市工商局慈溪分局下达处罚决定。

处理的结果是立即停止侵权行为，没收侵权产品700台，罚金4万元。

本案是东芝首例网络销售打假案件，同时，也是克服了对在香港不当注册商号和在中国大陆不当使用商标商号行为进行打击存在法律解释困难的案例。

（引自 http://www. goeasytm. com/）

第八章

国际商贸纠纷的解决途径

国际贸易涉及的业务环节与当事人较多，容易产生争议和纠纷。解决纠纷是一种事后保障和补救。解决的结果关系到交易利益的实现和损失的承担，所以选择不正确的解决方式将事倍功半。不同的解决方式，由于其程序和结果的强制性不同，对双方的影响也不同，应根据具体情况，选择成本低、效率高、效果好的解决方式。实践中通常有以下四种方式：（1）友好协商。即发生争议的当事人在友好的气氛中，本着互谅互让的精神，弄清是非，消除分歧，解决纠纷，达到继续友好合作的目的。（2）调解。指由当事人将争议提请第三人居中调停，促使双方达成和解协议。优点是通过第三人起到缓冲作用，防止矛盾激化，可使当事人有更大的回旋余地。（3）仲裁。(4)诉讼。前两种方式达成的协议不能申请强制执行。后两种争议解决方式都须按法定程序进行，裁决具有执行强制性。

技能目标

1. 能够正确判断实际贸易纠纷中仲裁与诉讼的适用性。

2. 能够运用国际商事仲裁知识解决实际工作中的贸易纠纷。

3. 能够熟练、正确地填写国际商事仲裁相关的书面材料。

知识目标

1. 了解解决国际贸易争议的方式。

2. 掌握国际商事仲裁的概念、特点及仲裁协议。

3. 了解国际商事仲裁的基本程序。

4. 了解仲裁与诉讼的区别和效力。

5. 了解我国涉外诉讼案件的管辖原则。

6. 了解国际商事仲裁机构。

重点难点

1. 国际商事仲裁的机构和程序。

2. 仲裁与诉讼的区别和效力。

第一节 国际商贸仲裁

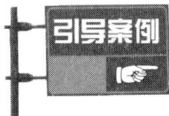

引导案例 ☞

有一份 CIF 合同, 日本公司出售 450 吨洋葱给澳洲的公司。洋葱在日本港口装船时, 经公证行验明完全符合商销品质, 并且公证行出具了证明。但该批货物运抵澳洲港口时, 洋葱已腐烂变质, 不适合人类食用。因此买方拒绝收货, 并要求卖方退回已付清的货款。而卖方坚持洋葱的腐烂与他无关, 要求买方履行合同义务。双方对此争执不下, 一致同意将争议提交日本国际商事仲裁协会仲裁。裁决结果是: 根据 CIF 条件卖方已经履行了交货责任, 双方对于产品质量又无特别约定, 对于运输途中的变化卖方一概不承担责任。对于裁决结果澳洲公司不服, 要求向比较权威的瑞典斯德哥尔摩商会仲裁院申请重新裁决, 否则将用诉讼方式解决。

案例讨论

1. 澳洲公司的要求符合法律规定吗?

----

2. 请说明你的理由。

技能提示

一、仲裁的概念

仲裁 (Arbitration), 也称公断。是指在国际商务活动中双方当事人在争议发生前或发生之后签订书面协议, 自愿将争议提交双方所同意的仲裁机构或临时仲裁庭依法予以裁决的解决争议的方式。仲裁裁决对双方具有法律约束力和终局性。

二、国际商事仲裁的特征

仲裁作为一种解决争议的有效方法，具有以下特征：

1. 管辖权的非强制性

用仲裁解决争议的最根本特征是仲裁庭管辖权的非强制性。受理国际商事争议的仲裁机构一般均属民间机构，仲裁庭的管辖权是争议双方当事人通过仲裁协议自愿授予的，不是强制的法定管辖；而诉讼的进行则无须当事人自愿达成协议，只要原告在有管辖权的法院起诉，被告就得前去应诉，法院是国家机器的重要组成部分，行使的是法定的强制管辖权。

2. 当事人的充分自主性

在国际商事仲裁中，争议双方当事人可以通过仲裁协议自行选择仲裁机构、仲裁地点、仲裁员以及仲裁适用的程序法和实体法；而诉讼是按照本国法律的规定所进行的审判活动，法官由国家任命或指定，依法行使审判权，当事人无权指定法官，更不能选择诉讼的程序法。

3. 裁决的"一裁"终局性

仲裁程序终结后所作出的裁决一般都是终局性的，任何一方当事人均不得向法院起诉，也不得向其他机构提出变更仲裁裁决的请求，这样就节省了时间；诉讼则通常有两个或两个以上的审级，当事人对一审法院的裁决不服，有权在法定期限内向上一级法院起诉。

4. 仲裁方式具有专业性

仲裁审理争议的方式比较灵活，不像司法诉讼程序那样严格、繁琐，具有程序简化、裁决快速的特点。更重要的是当事人可以选择具有某一领域专业知识的专家作为仲裁员，这就加快了解决争议的速度。而对法院的法官，当事人是没有权利进行选择的。

5. 仲裁方式的经济性

仲裁是一裁终局，而司法诉讼一般都是两审终审或三审终审。所以从这个角度来讲，无论是时间的耗费还是金钱的花费，仲裁的费用成本都比诉讼低。

6. 仲裁具有保密性

与诉讼相比，仲裁具有保密性。仲裁的审理以秘密为原则，公开为例外。在未经双方当事人同意的情况下，一般不公开进行，这对于商家保护自己的商业信誉很有益处；而法院的审理是以公开为原则，秘密为例外，这也造成了当事人在解决商业纠纷时，往往更愿意采用仲裁方式而不愿意通过诉讼程序解决问题。

课堂案例 8 - 1

秘鲁某公司与中国某公司签订一份羊毛买卖合同，在合同履行过程中双方发生纠纷，在双方协商未果的情况下，秘鲁某公司按照合同中规定的条款向中国国际贸易促进会申请仲裁，要求中国某公司支付货款。中国某公司则反诉秘鲁某公司产品质量不合格，要求秘鲁某公司支付违约金并赔偿损失。后双方约定由一名独任仲裁员审理此案，最终以不公开的方式将此案审理。中国某公司不服仲裁裁决，决定向人民法院起诉。秘鲁某公司则向法院申请执行裁决。

请问：

1. 上述案例中涉及哪些商事争议解决方式？

----

2. 中国公司和秘鲁公司最后的做法哪一方是正确的？

三、仲裁协议

（一）概念

仲裁协议（Arbitration Agreement）是双方当事人自愿将争议提交第三方仲裁的共同意思的表示。如果当事人双方同意以仲裁方式解决纠纷，那么法院将不再受理。

（二）类型

1. 仲裁条款。是指在合同中规定将争议提交仲裁的条款。

2. 仲裁协议书。是指争议发生后双方当事人同意将争议提交仲裁的单项书面协议。

3. 其他可以证明双方当事人同意将争议提交仲裁的书面文件，如往来函件、电报、电传等。

（三）内容

1. 仲裁地点

一般情况下，当事人都愿意选择本国的仲裁机构进行裁决。原因是对本国的法律较为熟悉，可节约大量时间和费用等。也可以选择在对方国家仲裁，因为任何国家仲裁机构裁决的依据是事实而不是人情。如果双方当事人相持不下，也可选择第三方国家的仲裁机构进行仲裁，对彼此都公平合理。

2. 仲裁机构

仲裁机构是指受理案件并做出裁决的机构，仲裁机构一般有两种，即常设仲裁机构和临时仲裁机构。我国法律规定的涉外仲裁机构均为常设仲裁机构。

3. 仲裁规则

选择仲裁规则的一般原则是：选定由哪个国家的仲裁机构仲裁，就适用该仲裁机构的仲裁规则。但也可以选用非仲裁地的仲裁规则，如一些国际性与地区性的仲裁规则《联合国国际贸易法委员会仲裁规则》《远东及亚洲经济委员会仲裁规则》等。

4. 裁决的效力

除极少数国家外，绝大多数国家的法律都规定裁决是终局的，对双方当事人均具有约束力，仲裁机构做出裁决后，当事人不得再向法院起诉。

课堂案例 8 - 2

我国 A 公司与英国 B 公司于 2008 年 11 月 4 日签订了一份购买大理石板材的出口合同，合同规定采用诉讼方式解决合同争议。合同签订后双方就有关问题再行函电磋商，并将争议解决方式改为仲裁方式。后双方因质量问题发生争议，A 公司按照 2008 年 11 月 4 日签订的合同规定向法院提起诉讼，而与此同时 B 公司也向仲裁机构提起仲裁申请。

请问：

1. A、B 双方之间的争议应通过什么途径解决？

2. 请陈述你的理由。

学习感悟

通过本节课的学习，我了解了　　　　　　　　　　　　　　　　　　　　　，
学会了　　　　　　　　　　　　　　　　　　　　　　　　　　　　　　　，
我印象最深的是　　　　　　　　　　　　　　　　　　　　　　　　　　　。

实例应用

1. 有一份 CIF 合同，出售 1 000 吨大米，合同单价为每吨 200 美元，共值 200 000

美元。事后卖方只交货 5 吨。在这种情况下，买方主张撤销合同，而卖方认为只能将未履行部分的协议解除。因协商不成，买方向合同中约定的伦敦仲裁院申请仲裁，而卖方则向其所在地法院提起诉讼。

请问：

（1）受诉法院有无管辖权？

（2）请陈述你的理由。

------

2. 某合同当事人对双方所签订的合同产生争议，经协商未果，遂向仲裁委员会提请仲裁。2007 年 8 月 25 日，仲裁庭对该案进行了开庭审理。

庭审后，被申请人向仲裁委员会提交了要求 A 仲裁员回避的申请。理由是：申请人指定的仲裁员是 A，被申请人的仲裁代理人是 B 律师。在 B 律师答辩过程中，A 仲裁员多次无理打断，并指责 B 律师。而在申请人一方代理人陈述时，A 仲裁员无上述表现。被申请人认为：A 仲裁员的行为干扰了被申请人一方代理人履行其职责，剥夺了代理人陈述案情和观点的权利。A 仲裁员明显偏袒申请人，显失公正，不适合担任本案的仲裁员。

经审查，仲裁委员会主任认为：因被申请人没有提供 A 仲裁员具有《仲裁法》第 34 条规定的必须回避情形的证据和理由，所以决定 A 仲裁员在本案中不用回避。

请问：

（1）仲裁委员会主任的决定是否正确？

（2）请陈述你的理由。

知识链接

1. 世界上比较有影响的常设仲裁机构

（1）国际商会仲裁院（院址在巴黎）；

（2）伦敦仲裁院；

（3）美国仲裁协会；

（4）汉堡商会仲裁法庭；

（5）日本国际商事仲裁协会；

（6）瑞典斯德哥尔摩商会仲裁院；

（7）瑞士苏黎世商会仲裁院。

其中瑞典斯德哥尔摩商会仲裁院在国际上声誉颇佳，该院已渐渐发展成为东西方国际经济贸易仲裁的中心，与世界各国仲裁机构联系紧密。

我国有中国国际经济贸易仲裁委员会和中国海事仲裁委员会，总部设在北京。我国各大中型城市一般都设有仲裁委员会，可以受理涉外经济案件。

2. 仲裁协议样本

甲方：

乙方：

甲、乙双方同意将因＿＿＿＿＿＿＿＿＿＿＿＿合同而发生或与该合同有关的争议提交中国国际经济贸易仲裁委员会华南分会仲裁，仲裁裁决是终局的，对双方都有约束力。

甲方：＿＿＿＿＿＿＿＿＿＿＿（签字、盖章）

乙方：＿＿＿＿＿＿＿＿＿＿＿（签字、盖章）

3. 仲裁申请书样本

申请人：＿＿＿＿＿＿

地址：＿＿＿＿＿＿　　　电邮：＿＿＿＿＿＿

电话：＿＿＿＿＿＿　　　传真：＿＿＿＿＿＿

法定代表人：＿＿＿＿＿＿　　职务：＿＿＿＿＿＿

代理人：＿＿＿＿＿＿、＿＿＿＿＿＿

（提示：如有两个以上的申请人，请按照上述格式分列第一申请人、第二申请人，依此类推）

被申请人：＿＿＿＿＿＿

地址：＿＿＿＿＿＿　　　电邮：＿＿＿＿＿＿

电话：＿＿＿＿＿＿　　　传真：＿＿＿＿＿＿

法定代表人：＿＿＿＿＿＿　　职务：＿＿＿＿＿＿

代理人：＿＿＿＿＿＿、＿＿＿＿＿＿

（提示：如有两个以上的被申请人，请按照上述格式分列第一被申请人、第二被申请人，依此类推）

仲裁依据：（仲裁条款或仲裁协议）

仲裁请求：（1）……；（2）……；……

事实与理由：……

（注：仲裁申请书应附具争议合同、单证等证明材料，这些材料都应按顺序编为附件一、附件二，……在叙述事实和理由时要注明所依据附件的编号。）

指定仲裁员声明：

（我方选定×××为本案仲裁员/或委托仲裁委员会主任指定本案仲裁员。）

（提示：该声明可单独出具）

此致

中国国际经济贸易仲裁委员会

申请人：×××（盖章）

法定代表人：＿＿＿＿＿（签字）

二〇　　年　月　日

第二节　国际民事诉讼

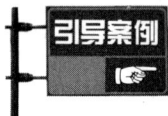

引导案例

原告某保险公司系一批货物的保险人，两被告系该批货物的承运人。第一被告荷兰 A 公司的香港代理签发了提单，货物实际交由第二被告福建省某海运公司所属"中钢 28 号"轮承运，起运港台湾高雄，目的港福州马尾。船舶在该航程运输途中因故沉没，货物灭失。原告在依保险合同理赔后，取得代位求偿权，提起诉讼，请求厦门海事法院判令二被告赔偿损失。第一被告荷兰 A 公司在提交答辩状期间对案件管辖权提出异议，认为根据提单背面条款的规定，运输合同项下的任何诉讼必须由荷兰鹿特丹法院审理，任何其他法院无权审理有关的纠纷，因此本案应由荷兰鹿特丹法院管辖。

案例讨论

1. 本案否定协议管辖的约定是否正确？

2. 请说明你的理由。

技能提示

一、诉讼与国际民事诉讼

诉讼，俗称"打官司"，是指法院依照法定程序对案件进行的审判活动，主要分为民事诉讼、刑事诉讼和行政诉讼。民事诉讼解决的是财产权益和人身权利关系方面的纠纷，刑事诉讼解决的是定罪和量刑的问题，行政诉讼解决的是由于对具体行政行为不服而引起的"民告官"问题。

国际民事诉讼，又称涉外民事诉讼，是指一国法院在当事人以及其他诉讼参与人（证人、鉴定人、翻译人员等）的参加下，审理涉外民事案件的全部活动。以司法诉讼方式解决国际贸易纠纷，即属于国际民事诉讼的范畴。

二、国际商事仲裁与诉讼的区别

国际商事仲裁和诉讼都是解决国际贸易争议的办法，二者有一定的联系，又有很大的区别。两者有一定的联系是指：依当事人申请，人民法院有权进行仲裁协议的效力认定、证据保全、财产保全，并且可以执行或撤销仲裁裁决。国际商事仲裁与诉讼相比，又有自身的特点。

1. 启动条件不同

国际商事仲裁的前提是当事人双方达成仲裁协议，表明自愿将争议提交仲裁机构。而国际商事诉讼不需要双方协商，只要一方的起诉符合法定条件法院就会受理。如果选择了仲裁，就不能到法院进行起诉。仲裁是仲裁机构根据仲裁协议行使管辖权，而诉讼是法院根据相关法律行使法定管辖权。

2. 机构不同

仲裁是由仲裁机构根据仲裁协议进行裁决，仲裁机构属于民间机构，仲裁员大多是律师、行业专家等。而诉讼是由法院进行审判，做出判决，法院是国家的审判机关，属于国家机器。

3. 当事人权利不同

仲裁的当事人有权选择仲裁员，而诉讼的审判人员由人民法院确定。

4. 程序不同

仲裁实行一裁终局制，当事人不得就同一事实再次申请仲裁，也不能向人民法院再行起诉、上诉。时间短，手续简便。而诉讼可经过一审、二审和再审三个阶段。仲裁一般不公开审理，有利于保守当事人的商业机密。而诉讼程序严格复杂、时间长，若无特殊情况必须公开审理。

三、涉外民事案件的管辖权

（一）国际民事案件管辖权的概念

国际民事案件的管辖权是指某一涉外民事案件应由哪国法院审理。管辖权问题是涉外民事诉讼的核心问题。

（二）确定管辖权的基本原则

1. 属人管辖原则

属人管辖原则是指根据当事人的国籍来确定法院管辖权。只要当事人一方（不论原告或被告）是本国人，该国法院就有管辖权。采用这一原则的主要是以法国为代表的大陆法系国家，包括法国、意大利、卢森堡、土耳其、比利时、荷兰、西班牙、葡萄牙、墨西哥等。

2. 属地管辖原则

属地管辖原则是指根据与涉外民事案件有关的地域来确定法院管辖权。属地管辖原则可分为三种情况：

（1）以"被告住所地"为标志的管辖原则。这一"原告就被告"的原则为大多数国家所采用，如德国，奥地利、日本、希腊、泰国及东欧一些国家。

（2）以"被告财产所在地"为标志的管辖原则。例如，《苏俄民法典》规定：被告的任何财产，即使是毫无价值的或者不是可供扣押的财产，如劳务上所使用的工具，就足以构成诉讼和受诉国之间的联系因素，原告可以在该国对被告起诉。

（3）以"行为地"为标志的管辖原则。即根据法律行为或法律事件的发生地来确定管辖权。如合同签订地、合同履行地、诉讼标的所在地、可供扣押财产所在地等。

我国涉外合同管辖则全部吸收了上述三种标准，只要上述三种情形中有一种情形发生在我国领域内，我国当地法院就具有管辖权。

课堂案例 8－3

英国某电器公司与杭州某彩电厂在英国伦敦签订了一份合同，约定由该英国电器公司派三名专家，在杭州某彩电厂工人的协作下调试引进该公司的显像管生产设备。调试开始后，我方按每天 8 小时安排工作，而英方专家按该英国公司的每天 6 小时安排工作，对此发生争议。合同未规定应适用何国法律。争议发生后，英方在一份双方达成的争议谅解备忘录上原则同意由中国法院管辖。因协商不成，杭州某彩电厂遂根据备忘录向杭州市中级人民法院起诉，但英方以合同订立时并未约定管辖法院为由提出管辖异议。

请问：

1. 杭州市中级人民法院能否行使协议管辖权？为什么？

2. 如果杭州市中级人民法院有管辖权，本案应适用哪国法律？为什么？

学习感悟

通过本节课的学习，我了解了 _____ ，
学会了 _____ ，
我印象最深的是 _____ 。

实例应用

1. 美国 A 公司从中国 B 公司进口一批冻火鸡，供应圣诞节市场。因卖方迟延装船买方拒收货物，双方发生争议。事后按合同约定中国公司将争议提交中国国际经济贸易仲裁委员会裁决。仲裁委员会裁决由中国 B 公司赔偿美国 A 公司因迟延交货所造成的直接经济损失 500 美元。美国 A 公司不服，提出要在美国某仲裁机构重新审理。

请问：

(1) 美国 A 公司的要求符合法律规定吗？为什么？

(2) 当事人可否就同一争议再向法院提起诉讼？

2. 中国某制药企业与外国一化工企业签订了在中国合资生产某非处方药的协议。协议约定：因合资所发生的一切争议由被告所在地法院管辖。后由于双方对投资方式

发生争议，中方企业向中国有关法院起诉。被告辩称：双方协议中明确规定因合资所发生争议由被告所在地法院管辖，因而受诉法院无管辖权。人民法院驳回了被告的管辖异议。

请问：

（1）当事人可不可以在合同中协议选择管辖法院？

（2）人民法院驳回被告的管辖异议有什么根据？

知识链接

管辖权基本原则的例外和补充

1. 专属管辖

专属管辖是指一国主张它的法院对某些案件具有管辖权，从而排除其他国家法院对这些案件的管辖权。各国法院通常将下列案件列为专属管辖的范围：

（1）有关不动产的诉讼，由物之所在地法院管辖；

（2）有关知识产权的诉讼，由登记地法院管辖；

（3）婚姻继承与有关身份关系的诉讼，由当事人国籍国法院管辖；

（4）在境内发生的重大侵权行为的诉讼，由行为地法院管辖；

（5）有关法人成立、解散、破产的诉讼，由法人国籍国法院管辖。

2. 协议管辖

协议管辖是指争议双方当事人自行协商选定管辖争议案件的法院。西方国家所谓的"挑选法院"就是指协议管辖而言。协议管辖多出现在国际贸易和海商海事的格式合同中，如提单。国际上普遍认为，协议选择的管辖法院应与商贸合同、当事人有联系。我国法律规定，协议选择我国法院管辖的，不得违反我国级别管辖和专属管辖的规定。按我国的级别管辖规定，我国中级人民法院可以受理涉外民商案件，高级法院可以受理重大涉外案件。重大涉外案件指争议标的额大或案情复杂，或者居住在国外的当事人众多的涉外案件。

参考文献

1. 赵德淳. 商贸法律与案例（第 3 版）. 北京：中国财政经济出版社，2015.

2. 王志伟. 商贸法律与案例. 北京：电子工业出版社，2012.

3. 沈四宝，王军. 国际商法. 北京：对外经济贸易大学出版社，2010.

4. 张琦生，马朝阳. 国际贸易实务. 北京：中国商务出版社，2009.

5. 陈治东. 国际贸易法. 北京：高等教育出版社，2009.

6. 魏炳麟，王志伟. 商贸法律与案例. 北京：高等教育出版社，2008.

7. 王继新. 国际商贸法律与案例. 北京：科学出版社，2007.

8. 黎孝先. 国际贸易实务（第四版）. 北京：对外经济贸易大学出版社，2007.

9. 徐春林，李玉香. 国际商法. 北京：清华大学出版社，2006.

10. 陈小君. 合同法学. 北京：中国政法大学出版社，2003.

11. http://www.chinanews.com

12. http://www.chinacourt.org

13. http://www.findlaw.com/

14. http://www.law-lib.com/